REVENU PASSIF

Apprenez comment créer des revenus passifs grâce à Internet

Les 7 méthodes les plus fiables pour gagner de l'argent sur Internet en 2019

Eric ADAM

Mention légale

Cet ouvrage est protégé par le droit d'auteur. Ceci est uniquement pour un usage personnel. Vous ne pouvez pas modifier, distribuer, vendre, utiliser, citer ou paraphraser une partie ou le contenu de ce livre sans le consentement de l'auteur ou du détenteur des droits d'auteur. Une action en justice sera poursuivie si cela est violé.

Avis de non-responsabilité

Veuillez noter que les informations contenues dans ce document sont uniquement à des fins éducatives et de divertissement.

Tous les efforts ont été faits pour fournir des renseignements complètes, précises, à jour et fiables. Aucune garantie de quelque nature que ce soit n'est explicite ou implicite. Les lecteurs reconnaissent que l'auteur ne donne pas de conseils juridiques, financiers ou professionnels.

En lisant n'importe quel document, le lecteur reconnaît qu'en aucune circonstance nous ne sommes responsables des pertes, directes ou indirectes, résultant de l'utilisation des informations contenues dans ce document, y compris — sans toutefois s'y limiter — des erreurs, omissions ou inexactitudes.

Table des matières

Introduction

Le coût de la vie continue à augmenter d'année en année. Mais regardons les choses en face, nos revenus ne croissent pas nécessairement dans la même proportion. De nos jours, beaucoup d'entre nous ont besoin d'employer 2 ou 3 personnes au foyer pour pouvoir épargner pour l'avenir. En fait, certaines personnes doivent occuper 2 ou 3 emplois uniquement pour survivre.

Nous avons tous le même nombre d'heures chaque jour — 24 heures. Si nous prenons des emplois supplémentaires, deviner quoi ? Nos 24 heures restent 24 heures et à ce titre, le temps pour le repos et la famille sont compromis.

Bien sûr, travailler plus longtemps et créer plus d'emplois garantira généralement plus de revenus. Mais, un moment vient où vous pouvez commencer à poser des questions. Ça en vaut vraiment la peine ? Jusqu'où devez-vous aller ? Jusqu'à ce que l'effort considérable et le travail pénible que vous investissez à travers votre propre sueur et votre travail acharné commencent à l'emporter sur les avantages que vous récoltez ?

Les fruits de votre travail devraient avant tout vous être bénéfiques. Tous les gens qui ont réussi dans leurs vies ont bien défini leurs privilèges et qu'ils savaient exactement où diriger leurs énergies — pour que leurs entreprises fonctionnent pour eux. Ils ont choisi de créer eux-mêmes une source de revenus au lieu d'investir un nombre incalculable d'heures dans un travail sans issue qui n'aurait jamais pour but d'aller trop loin.

Y a-t-il un moyen de gagner plus d'argent sans avoir à travailler plus d'heures chaque jour ? La réponse est oui. C'est ce qu'on appelle un revenu passif. Bien sûr, il ne s'agit pas là d'une solution à abandonner, mais plutôt d'une nouvelle voie à suivre, une voie qui pourrait également conduire à la prospérité. Au risque de paraître trop grossier, la simple survie n'est pas un moyen de survivre dans la vie, surtout à l'heure actuelle, alors que nous avons devant nous un monde de possibilités.

Un revenu passif signifie simplement que vous faites fructifier votre argent ou vos ressources. Le revenu passif, à la base, vous permet de gagner beaucoup d'argent sans faire beaucoup de travail. Bien que cela puisse demander un peu d'effort et de temps au début, ce ne sera plus le cas une fois que votre système de revenu passif sera opérationnel. Vous travaillerez moins et gagnerez plus.

Bien que percer et créer une entreprise à revenu passif prospère puisse être une tâche exigeante, au début, cela rapportera certainement plus tard. La liberté, l'indépendance et le contrôle total sur votre temps sont quelques-uns des avantages de ce type d'entreprise. Certes, les premières étapes vers votre système de revenu passif nécessiteront un travail, parfois même un travail difficile, mais l'objectif final en vaut la peine.

Voici une façon de voir les choses : dans un an, avec des efforts constants, vous serez peut-être sur la voie de la liberté et de la sécurité. Il va sans dire que de nombreuses personnes travaillent toute leur vie pour atteindre cet objectif, mais seulement pour l'atteindre à un âge avancé.

Le monde dans lequel nous nous trouvons aujourd'hui est de plus en plus dominé par la technologie. Certaines voix avertissent que la technologie prend nos emplois en main, marginalisant l'effort humain et le travail, mais elles ne voient pas la situation dans son ensemble. De plus, qui voudrait un travail pénible si une alternative peut être de tirer cette monnaie du confort de votre fauteuil ? Avec les progrès technologiques continus, de nouveaux marchés apparaissent, et donc une gamme complète de sources de revenus, si facilement accessibles à des millions de personnes.

À l'époque où nous n'étions que des enfants, beaucoup d'entre nous ont appris qu'il est préférable de faire nos devoirs dès notre retour à la maison. Pourquoi ? En effet, nous aurions ainsi plus de temps pour jouer plus tard et nous ne craindrions pas que nos obligations gâchent notre plaisir. Sans parler du fait qu'il n'y aurait aucun de ces désagréments lorsque le temps s'écoulerait et que vous vous retrouveriez à la hauteur des genoux dans vos missions.

Eh bien, le revenu passif est un peu comme faire ses devoirs dès que vous êtes à la maison. Vous vous mettrez au travail tout de suite, mais dans le but d'avoir plus de temps pour vous détendre plus tard.

Ce que vous apprendrez dans ce livre

Et si vous pouviez gagner de l'argent pendant que vous dormez ou passez du bon temps avec votre famille et vos amis ? Le but de ce livre est de vous aider à faire exactement cela. Cela peut sembler trop beau pour être vrai — mais je vous promets que ce n'est pas le cas. Le secret pour atteindre cet objectif consiste à apprendre un type de revenu appelé revenu passif.

Dans le premier chapitre, je couvrirai les bases du revenu passif. De quoi s'agit-il et en quoi diffère-t-il du revenu que vous gagnez en occupant un emploi de 8 heures à 17 heures ? Je vais vous donner les définitions de base du revenu actif et passif afin que vous compreniez la différence — et pourquoi le revenu passif est préférable au revenu actif à long terme. Je vais également expliquer pourquoi il est si important de mettre en place de multiples sources de revenus passifs si vous souhaitez obtenir une véritable liberté financière.

Le deuxième chapitre approfondira un peu plus les avantages et les risques du revenu passif. Toute stratégie de revenu, aussi tentante et fiable soit-elle, comporte certains risques. C'est inévitable et il est important de comprendre ces risques avant d'aller de l'avant. À mon avis, les avantages de gagner un revenu passif dépassent de loin les risques.

Cependant, vous devez prendre cette décision vous-même et les informations de ce chapitre vous aideront à le faire. Je vais également vous donner un aperçu de mes méthodes préférées pour gagner un revenu passif, que je vais approfondir dans les chapitres à venir.

Dans le troisième chapitre, je parlerai de l'une de mes méthodes de revenu passif préférées : la rédaction d'un livre électronique. Écrire un livre peut sembler une tâche ardue, mais je vais vous donner mes meilleurs conseils pour l'accomplir. Nous allons parler de la décision d'écrire le livre vous-même, ainsi que de la possibilité de faire appel à un professionnel pour le faire à votre place. J'inclurai des astuces pour embaucher un écrivain et pour trouver un concepteur afin de créer une couverture attrayante pour votre livre. Je traiterai également du processus de formatage de votre livre en vue de la vente sur le store Kindle, de la rédaction d'une description du livre qui facilitera la vente de votre livre et de son téléchargement à l'aide d'Amazon KDP. Enfin, je vais vous expliquer comment commercialiser votre livre à l'aide de sites web spécialisés, de réseaux sociaux, etc.

Dans le quatrième chapitre, je parlerai en détail de la commercialisation de produits d'affiliation. Les produits d'affiliation sont souvent la première chose que les nouveaux venus dans l'idée de gagner de l'argent en ligne essaient, mais ils échouent souvent. Je vous aiderai à comprendre le processus, en commençant par choisir une niche et en recherchant la concurrence, ainsi qu'en vous donnant des conseils sur la manière de choisir les meilleurs produits d'affiliation afin de garantir un flux de revenus passifs. Après cela, je vous dirai comment configurer un site web avec WordPress et comment optimiser votre site de sorte qu'il figure en bonne place sur Google. Enfin, je vais vous donner quelques astuces pour obtenir des backlinks de qualité afin d'améliorer votre rang et vous expliquer comment commercialiser vos produits sur les réseaux sociaux.

Le cinquième chapitre couvre plusieurs autres méthodes de gagner un revenu passif. La rédaction de livres électroniques et la vente de produits affiliés sont mes méthodes préférées. C'est pourquoi j'ai abordé ceux-ci de manière approfondie, car ce sont mes domaines d'expertise. Cependant, je veux que vous sachiez qu'il existe de nombreuses autres méthodes que vous pouvez utiliser pour gagner un revenu passif. Dans ce dernier chapitre, je couvrirai de nombreuses méthodes, notamment :

- Comment conceptualiser, créer et vendre une application mobile ? Les applications mobiles sont plus populaires que jamais. Bien qu'il ne soit pas facile de trouver une idée pour une application géniale, je vais vous donner des indications sur la manière de le faire.

- Comment paramétrer et monétiser une chaîne YouTube, y compris des indications sur la création et la promotion de vos vidéos et sur l'utilisation de YouTube pour dynamiser votre référencement ?

- Comment créer et vendre une formation en ligne dans votre domaine d'expertise ? Si vous sentez que vous avez les connaissances et la passion nécessaires pour enseigner aux autres quelque chose, le temps et les efforts nécessaires à la création d'une formation peuvent en valoir la peine. Je vous indiquerai également où et comment vendre votre formation.

- Comment conceptualiser et créer votre propre produit ? Vendre des produits d'affiliation est facile, et vendre votre propre produit est un moyen de faire progresser ce que vous apprenez du marketing affilié. Lorsque vous créez un bon produit, vous pouvez en tirer un bénéfice considérable. Je vais même expliquer les avantages de la création de votre propre programme pour permettre aux affiliés de faire le marketing pour vous.

- Les sites d'examen de produits de niche sont très populaires et j'expliquerai comment utiliser vos compétences en marketing pour les affiliés et les utiliser d'une manière différente en examinant et en comparant les produits d'une niche.

Ces systèmes n'ont pas besoin de beaucoup d'investissements en capital. Vous aurez juste besoin de faire le travail au début et de naviguer ensuite lorsque tout sera opérationnel.

Au moment où vous aurez fini de lire ce livre, vous aurez toutes les informations dont vous avez besoin pour commencer à créer de multiples flux de revenus passifs et vous mettre sur la voie d'une véritable liberté financière.

Revenu passif

Chapitre 1 : Comprendre le revenu passif

La première étape consiste à comprendre ce qu'est un revenu passif et en quoi il diffère du type de revenu que vous gagnez en travaillant à un salaire horaire ou salarié. Les différences sont essentielles, car elles ouvrent la voie à la liberté financière. Si vous voulez être votre propre patron et le maître de votre propre destin, le revenu passif est le seul moyen de le faire.

Différences entre revenu actif et revenu passif

Même si vous utilisez un terme différent pour le décrire, vous savez déjà ce qu'est le revenu actif. Le revenu actif est le type de revenu qui vous oblige à travailler activement pendant une période donnée avant de le gagner. Par exemple, si vous avez un travail rémunéré à l'heure, vous ne recevez de l'argent que pour les heures où vous travaillez, n'est-ce pas ? C'est un revenu actif, car votre activité est nécessaire de manière constante si vous voulez gagner votre vie.

La même chose est vraie d'un travail où vous gagnez un salaire. Vous êtes censé effectuer certains travaux en échange de votre salaire. Pour gagner votre salaire, vous devez vous présenter au travail à l'heure prévue, travailler un nombre défini d'heures et effectuer les tâches décrites dans votre description de poste. Vous pouvez même être obligé de travailler des heures supplémentaires sans rémunération supplémentaire si vous êtes un employé bénéficiant du statut d'exempt.

Enfin, le travail indépendant est également considéré comme un revenu actif. Les travailleurs indépendants ne sont payés que pour le travail qu'ils accomplissent. S'ils tombent malades et sont incapables d'accomplir une tâche ou un travail, ils ne gagnent rien.

Maintenant, opposons cela au revenu passif. Un revenu passif est celui que vous gagnez sans faire beaucoup de travail ou en travaillant beaucoup moins, c'est-à-dire en étant passif. Cependant, une fois que vous avez établi un flux de revenu passif, il ne vous suffit souvent que d'un minimum d'entretien pour que l'argent coule à flots.

Obtenir un emploi actif représente également moins de travail que la configuration de votre plateforme de revenu passif. C'est une autre différence entre les deux. Dans le cas d'un emploi à revenu actif, le travail commence une fois que vous êtes impliqué dans le processus. D'autre part, s'agissant du revenu passif, la majeure partie du travail vient au début, alors que vous bâtissez encore l'entreprise, l'idée étant de travailler de moins en moins avec le temps. Comme vous pouvez le constater, les deux choix évoluent dans des directions opposées, mais ils servent tous deux le même objectif : gagner de l'argent.

Le principal avantage en faveur du revenu passif réside dans le fait qu'avec des efforts et des idées, vous pouvez finir par gagner plus, voire beaucoup plus que si vous occupiez un emploi normal moyen. Au minimum, vous devriez atteindre le point où votre revenu est égal à celui d'un emploi moyen, mais vous travaillerez toujours beaucoup moins !

Regardons un exemple simple : si vous écrivez un livre électronique, vous devez y consacrer du temps et de l'énergie. Vous devez embaucher un écrivain et une personne pour concevoir la couverture du livre, et vous devez vous assurer que sa présentation est au bon format pour pouvoir être vendue sur Amazon. Une fois votre livre mis en vente, vous gagnerez de l'argent chaque fois que quelqu'un achètera le livre. C'est ce qui rend le revenu passif. Si quelqu'un achète une copie pendant que vous êtes en vacances ou endormi, vous gagnez toujours de l'argent.

J'espère que vous commencez à comprendre pourquoi le revenu passif est la solution pour parvenir à la liberté financière. Au lieu d'ajouter plus d'heures à votre journée de travail, un revenu passif peut vous permettre de travailler moins d'heures tout en gagnant votre vie.

Pourquoi le revenu passif est-il important ?

Voyons maintenant pourquoi il est si important de disposer de sources de revenus passifs. La personne moyenne ne va pas gagner un salaire énorme. Certes, quelques personnes choisies gagnent d'énormes salaires en tant que PDG ou à d'autres postes de direction. D'autres peuvent être des consultants en demande qui peuvent facturer des taux horaires énormes. Pour la majorité d'entre nous, cependant, notre potentiel de revenu n'est pas énorme. Nous sommes limités par notre éducation, notre expérience et le nombre d'heures que nous pouvons physiquement (et mentalement) consacrer au travail.

Le revenu passif ouvre des possibilités qui pourraient ne pas exister autrement. Cela nous permet de gagner de l'argent de manière à ne pas exiger des heures d'efforts supplémentaires de façon continue — et c'est énorme. Si vous constatez que travailler de longues heures signifie ne passer que peu de temps avec votre famille — ou vous laissez passer des occasions de faire ce que vous aimez —, un revenu passif peut alors faire la différence.

Le revenu passif est important, car c'est le type de revenu qui peut facilement compléter votre revenu actif — et éventuellement, il peut même remplacer votre revenu actif. Vos revenus avec un revenu actif sont limités en fonction du nombre d'heures travaillées, ainsi que de facteurs tels que vos études et vos antécédents professionnels. Il n'y a pas de telles limitations sur le revenu passif. Vous avez un contrôle total sur ce dernier, ce qui signifie que personne ne peut le limiter. Le fait que vous puissiez le gagner pendant que vous dormez, que vous jouez avec vos enfants ou sur le parcours de golf signifie que vous avez la liberté de faire ce que vous voulez avec votre temps.

Comme vous pouvez le constater, le revenu passif diffère considérablement du revenu actif. L'argent est de l'argent, mais l'argent que vous gagnez avec des flux de revenus passifs est le type d'argent qui peut vous libérer du quotidien et vous permettre de poursuivre les activités les plus importantes pour vous.

Dans le chapitre suivant, nous aborderons plus en détail les avantages et les risques du revenu passif afin que vous sachiez à quoi vous attendre lorsque vous travaillerez à la mise en place de flux de revenus passifs.

Chapitre 2 : Les possibilités de revenus passifs

Avant de partager avec vous les meilleurs moyens de gagner un revenu passif, je voudrais prendre quelques pages pour passer en revue les avantages et les risques d'un revenu passif. La vérité est qu'aucune forme de revenu n'est sans risque. Même si vous aviez la chance d'hériter de grosses sommes d'argent, il y aurait un certain risque à les investir. C'est ainsi que fonctionne la vie !

Nous avons déjà évoqué certains des avantages du revenu passif, mais examinons-les un peu plus en profondeur :

1. Un revenu passif peut mener à la liberté financière. Lorsque vous gagnez un revenu passif, vous pouvez le gagner à tout moment de la journée ou de la nuit, et de n'importe où dans le monde. Vous n'êtes pas obligé d'être lié à un emploi ou à un horaire particulier. Une fois que vos flux de revenus passifs sont configurés, l'argent ira à votre compte.

2. Il n'y a pas de limite au revenu passif. Si vous choisissez de le faire, rien ne vous empêche de créer cent flux différents de revenus passifs. Vous pouvez consacrer autant de temps que vous le souhaitez à l'établissement de flux de revenus passifs. Une fois qu'ils sont configurés, vous pouvez vous asseoir et collecter l'argent. Vous n'êtes pas limité par le nombre d'heures travaillées.

3. Les revenus passifs peuvent provenir de différentes sources, ce qui signifie que vous pouvez choisir les options qui vous intéressent le plus. Vous n'êtes pas limité ni obligé de faire un travail que vous n'aimez vraiment pas. Vous avez la possibilité de choisir un travail que vous aimez.

4. Vous pouvez être votre propre patron. Lorsque vous instaurez des systèmes de revenus passifs, vous ne devez répondre à personne d'autre que

vous-même. Vous pouvez décider quand travailler et quand ne pas travailler. Vous définissez vos propres heures et vous pouvez décider de la meilleure façon de faire les choses sans être gêné par personne.

À mon avis, ce sont de très bons avantages — et une raison suffisante pour prendre le temps et l'énergie nécessaires à la création de flux de revenus passifs. Cependant, il existe également des risques et des préoccupations à prendre en compte.

1. La mise en place de flux de revenus passifs prend du temps et des efforts. Il peut être tentant de considérer les flux de revenus passifs comme faciles et nécessitant peu de travail. Cependant, il s'agit d'un point de vue trop simpliste qui risque d'entraîner des malentendus. Ne fais pas d'erreur. Vous allez devoir consacrer beaucoup de temps — et probablement investir un peu d'argent également — si vous voulez que votre revenu passif monte et coule à flots. Tous les revenus passifs sont actifs au début.

2. Les flux de revenus passifs ne croissent pas du jour au lendemain. Même si vous faites de gros efforts, cela peut prendre un certain temps pour que le revenu passif devienne un flux. En fait, il peut commencer par se sentir davantage comme une série de gouttes sans conséquence que comme un véritable flux. Vous devez être préparé à

l'éventualité qu'il faudra un certain temps pour que les choses bougent. C'est l'une des raisons pour lesquelles je vous recommande de commencer à configurer vos flux passifs avant de quitter votre emploi.

3. Vous devez vous diversifier pour avoir de l'argent en tout temps. Un seul flux de revenus passifs ne suffira pas pour vous aider à atteindre la sécurité et la liberté financières. Le danger est que votre flux pourrait se tarir, vous laissant sans aucun revenu. Le meilleur moyen de surmonter ce risque est de créer plusieurs sources de revenus afin que, même si l'une des sources ralentit, vous en ayez d'autres qui vous rapportent de l'argent.

4. Le revenu passif peut être trop passif pour certaines personnes. C'est une personne très rare qui se sentira passionnée et satisfaite de sources de revenus qui exigent peu ou pas de travail. Quoi que vous choisissiez de faire, il est probablement préférable de combiner un travail actif qui vous remplit et vous satisfait — même s'il ne vous rapporte pas beaucoup — à des flux de revenus passifs pour vous aider à gagner de l'argent.

À mon avis, les avantages de la création de flux de revenus passifs dépassent de loin les risques. Le revenu passif, comme je l'ai dit, est actif au départ. Tant que vous êtes prêt à faire le travail pour faire couler ces flux, un revenu passif pourrait être le meilleur moyen d'atteindre la liberté financière.

Formule du revenu passif

Gagner un revenu passif n'est pas instantané. En fait, cela peut sembler ironique, mais cela nécessite en réalité beaucoup de travail. Mais ce travail difficile est généralement limité au début et une fois que le système est opérationnel, vous n'avez pratiquement plus besoin de travailler, surtout si vous laissez d'autres personnes le gérer à votre place. Donc, sans préjuger de la discussion, je vous présente la formule de revenu passif.

Création

Seul Dieu peut créer quelque chose à partir de rien. Donc, si vous voulez créer un revenu passif, vous devez disposer du matériel nécessaire pour le construire — un système.

C'est là que la plupart sinon la totalité du travail acharné, du temps et des ressources sont vraiment nécessaires. C'est parce que c'est la base. Avez-vous déjà vu un bâtiment en construction ? Environ 70 % du temps consacré à la construction est consacré aux fondations. En fait, c'est la raison pour laquelle nous pensons que la construction des bâtiments est relativement rapide : la construction de tout le reste au-dessus des fondations est rapide une fois que les fondations sont en place, ce qui prend du temps.

C'est la même chose avec vos systèmes de revenus passifs en ligne. Vous devez configurer les bons systèmes et les corriger si vous voulez toujours gagner un revenu passif. Vous ne pouvez pas extraire le sang de l'air et, par conséquent, vous devrez créer quelque chose — un produit ou un service à vendre.

En plus des efforts et de la diligence, qui sont vraiment essentiels, vous devriez également voir cela comme la partie où toute créativité que vous avez peut-être la plus bénéfique. Ne craignez pas de considérer vos propres idées comme une recette possible du succès, mais soyez prudent. Il peut être difficile de capitaliser sur vos espoirs personnels et votre vision du type d'entreprise que vous souhaitez créer. Soyez donc prêt à faire des compromis pour maximiser vos chances de réussite. En même temps, cette idée que vous avez depuis très longtemps, quelque part dans l'arrière-plan de votre esprit, pourrait en fait avoir l'endroit idéal pour profiter de toutes les possibilités offertes par Internet. La meilleure façon de s'adapter avec succès consiste à étudier le marché et à effectuer des recherches, l'information est le pouvoir. Armée des informations et des connaissances approfondies des marchés que vous souhaitez percer, votre prochaine étape serait d'expérimenter.

Expérimentation

Étant donné que vous êtes nouveau dans ce domaine, vous constaterez que vous ne savez pas tout, voire pas du tout ! Vous devrez également prendre des risques et expérimenter — voyez ce qui fonctionne. La clé ici n'est pas d'éliminer les risques — c'est impossible — mais de bien les gérer. Expérimentez bien en prenant des risques bien calculés et vous pourrez ajuster ce que vous avez créé pour qu'il génère un revenu systématiquement passif pour vous. De toute évidence, c'est là que l'information et la sensibilisation entrent en jeu et contribuent à minimiser les risques d'échec. Si vous faites preuve de prudence, l'expérimentation sera sans danger et vous pourrez ajuster votre entreprise avec un risque minime à nul.

Aussi important que l'expérimentation elle-même, c'est d'être en sécurité quand vous y êtes. N'oubliez pas que les méthodes décrites dans ce livre ne nécessitent généralement qu'un investissement financier minime, voire aucun, pour vous aider à démarrer. Cela signifie que vous devez vous méfier des opportunités qui peuvent surgir de nulle part, comme des tours et des châteaux prometteurs pour un prix modique, ou moindre. Naturellement, vous décidez combien d'argent vous souhaitez affecter à votre propre projet, mais souvenez-vous toujours que les rues faciles sont rares ou inexistantes.

Après avoir essayé différentes choses et constaté quelques résultats — bons ou mauvais —, les choses devraient commencer à se focaliser. À ce stade, certaines options apparaîtront plus belles que d'autres et vous devriez donc avoir une meilleure idée de vos choix et des opportunités à saisir. Restez minutieux lors de l'inspection des avantages et des inconvénients de chaque client potentiel. Un avantage attrayant à un endroit ne devrait pas vous attirer là-bas s'il y a aussi une prise sous-jacente.

Élimination et ajout

Grâce à l'expérimentation, vous découvrirez ce qui fonctionne et ce qui ne fonctionne pas. Vous verrez également ce que vous devez ajouter. À ce stade, vous devez éliminer les éléments non fonctionnels qui empêchent votre système en ligne passif de fonctionner comme une machine bien huilée. Vous devrez peut-être également l'ajouter à des éléments que vous n'avez pas pris en compte au début. La mise au point est importante pour mettre en place un système de revenu passif cohérent.

Malheureusement, cette partie du processus peut signifier que le temps est venu d'abandonner certaines idées et attentes. Les compromis ne sont pas vraiment une mauvaise chose, cependant, et vous pouvez même trouver qu'apprendre à abandonner certaines idées originales est libérateur, surtout si elles retardent votre projet. Bien entendu, il vous suffit parfois d'améliorer ces idées et vous verrez certainement des moyens de le faire au fur et à mesure de vos progrès.

Vos efforts pour définir les moyens les plus rentables de revenus passifs devraient également faire apparaître ce que vous devez ajouter à la composition. Si une certaine approche est imprudente, de nouvelles expériences vous montreront le chemin. Dans le cas où vous êtes vraiment accroché à une idée et que vous ne voulez pas abandonner si facilement, tentez d'essayer différentes approches et ajustements avec elle. Mais vous devez savoir que certains modèles ne sont tout simplement pas réalisables, et c'est bien.

Délégation

Vous aurez parfois besoin de déléguer des tâches et des responsabilités à d'autres personnes afin que vous puissiez vous concentrer sur ce qui est le plus important en termes de gestion de votre système de revenu passif en ligne. Pourquoi passer un mois à essayer de trouver une bonne formation vidéo à vendre alors que vous pouvez embaucher quelqu'un pour le faire pour vous afin que vous puissiez vous concentrer à rendre le matériel de formation excellent ? En déléguant, vous pourrez également tirer parti de l'expertise d'autres personnes.

Il existe de nombreux sites web où il est plus facile que jamais de faire appel aux services d'un Freelancer, pour pratiquement n'importe quelle tâche ! Qu'il s'agisse de paiement, de délais, de besoins spécifiques à votre opération, tout peut être négocié. Bien que vous ayez besoin de vous familiariser avec leurs compétences et leurs aptitudes réelles, l'embauche d'un Freelancer est certainement une autre étape dans votre cheminement pour vous permettre de laisser votre revenu passif commencer à s'écouler.

Les principaux sites web offrant des services de Freelancer disposeront de divers systèmes pour garantir que vos investissements ne soient pas gaspillés. Nous verrons plus loin dans le livre quelques-uns de ces sites fiables et réputés sur Internet. Le fait de faire preuve de la prudence requise et de bien utiliser leurs politiques en matière de protection des clients est un moyen efficace de convaincre les autres de faire votre travail pour vous. Après avoir réparti votre travail et consolidé vos opérations à cet égard, le moment est venu d'examiner encore plus de façons dont la technologie vous servira.

Automatisation

C'est la partie amusante. Lorsque vous avez très bien configuré votre système et délégué les tâches à des personnes clés, vous pouvez utiliser la technologie pour automatiser le reste des processus — si ce n'est tout le processus — et disposer de plus de temps pour des tâches plus importantes, comme la famille, amis ou en regardant vos amis préférés refonctionne.

Il existe de nombreuses façons d'automatiser de nombreux aspects d'une grande variété d'activités que vous pourriez entreprendre au cours de votre parcours. Qu'il s'agisse de marketing d'affiliation, de tout type de vente ou de gestion de votre/vos site (s) web, la technologie vous sera utile à maintes reprises.

Stratégies de revenus passifs éprouvées

Dans les chapitres suivants, nous examinerons de près certaines de mes meilleures stratégies de gagner un revenu passif via Internet. Il existe de nombreuses façons de gagner un revenu passif, et vous n'avez certainement pas besoin de vous limiter aux méthodes dont je discute ici. Cependant, ces méthodes sont, à mon sens, parmi les plus fiables et les plus faciles à réaliser.

Voici un bref aperçu afin que vous sachiez à quoi vous attendre dans les prochains chapitres.

- La première méthode que je vais aborder est la rédaction d'un livre électronique. Beaucoup de gens sont intimidés par l'idée d'écrire un livre électronique, car ils ne se considèrent pas comme des écrivains. Je vais couvrir le sujet de manière très approfondie et expliquer comment vous pouvez faire écrire un livre avec une relative facilité et le commercialiser efficacement. Un livre électronique bien écrit peut facilement vous rapporter des revenus pour le reste de votre vie.

- Le deuxième sujet que je vais aborder est le marketing des produits d'affiliation. Les produits d'affiliation ont tendance à avoir une mauvaise réputation parce que beaucoup de gens essaient de les commercialiser et ne gagnent pas d'argent. La raison pour laquelle ils ne gagnent pas d'argent n'est pas due au fait que le marketing d'affiliation est mauvais, c'est parce qu'ils ne s'y prennent pas correctement. Je vais vous expliquer comment choisir les meilleurs produits et configurer vos sources de revenus de manière à ce qu'elles nécessitent peu de travail continu.

- La création d'une application mobile est un autre moyen populaire de créer un revenu passif. Il existe de nombreuses applications, mais si vous pouvez en créer une unique, vous pouvez la vendre pendant des années sans avoir à effectuer de travail supplémentaire. Vous n'avez même pas besoin d'être programmeur pour créer une application.

- YouTube est l'un des sites web les plus visités au monde et une excellente source de revenus passifs si vous savez vous en servir. Je vais vous expliquer comment configurer une chaîne YouTube, vous donner des conseils pour la création de vidéos et vous expliquer comment monétiser et faire connaître vos vidéos.

- Créer une formation en ligne est, à certains égards, l'option la plus intensive en main-d'œuvre, mais c'est aussi un très bon moyen de gagner un revenu passif important. Je vous donnerai des conseils pour choisir un sujet, créer une formation, fixer un prix et commercialiser votre formation.

- Si le marketing par affiliation ne vous suffit pas, je vais parler des avantages de la création de votre propre produit à vendre et de la manière dont vous pouvez configurer vos propres programmes d'affiliation.

- Les sites d'examen et de comparaison de produits sont très populaires et je vais vous donner des indications sur la manière de porter le marketing affilié à un nouveau niveau.

Les trois prochains chapitres approfondiront ces sujets pour vous donner tous les outils dont vous avez besoin pour faire ce que vous devez faire. Vous n'avez pas besoin d'utiliser toutes ces méthodes pour atteindre la liberté financière. Ce que je vous recommande, c'est de tout lire et de commencer par la méthode qui vous intéresse le plus. Une fois que vous avez effectué le travail nécessaire pour établir un flux de revenus passifs, vous pouvez choisir une autre méthode ou répéter la première. Il est certainement possible de gagner de l'argent en écrivant plusieurs livres électroniques ou en mettant en place une série de sites web affiliés.

La chose la plus importante à retenir est que vous ne voulez pas mettre tous vos œufs financiers dans le même panier. Le fait d'avoir un revenu passif, c'est que vous voulez pouvoir passer votre temps à faire les choses que vous aimez. Si vous avez plusieurs flux de revenus, cela n'a pas d'impact significatif sur vous si un flux ralentit ou s'effondre. La vraie liberté financière signifie que vous ne devez pas compter sur une seule source de revenus.

Chapitre 3 : Publier un livre sur Amazon

kindle direct publishing

Connectez-vous avec votre compte Amazon

Vous n'êtes pas Bryans?
Cliquez *ici* pour vous connecter en tant qu'un différent utilisateur.

En savoir plus sur les grands genres et leur publication via KDP

Publiez, sans frais, des ebooks et livres brochés en autoédition via Kindle Direct Publishing et touchez des millions de lecteurs sur Amazon.

Tout de suite sur le marché. La publication prend moins de 5 minutes et votre livre apparaît dans les couleurs Kindle au monde entier dans les 24 à 48 heures.

Gagnez plus. Vendez vos livres en France, en Allemagne, en Italie, en Espagne, au Royaume-Uni, au Canada, aux États-Unis, en Inde, au Japon, au Brésil, au Mexique, en Australie et dans bien d'autres pays. Et percevez des redevances qui peuvent atteindre 70 %. Inscrivez-vous au programme KDP Select et gagnez plus grâce à Kindle Unlimited / Abonnement Kindle et à la Bibliothèque de prêt Kindle.

Gardez le contrôle. Gardez le contrôle de vos droits et définissez vous-même vos prix. Vous pouvez modifier vos livres à tout moment.

Publiez au format numérique et papier. Publiez des ebooks Kindle et des livres brochés gratuitement via KDP.

Lancez-vous sans plus tarder ! Publiez gratuitement vos livres en autoédition via KDP. *Vous retez, c'est technicité.*

43

Je veux commencer avec l'une de mes méthodes préférées de gagner un revenu passif, écrire un livre. Auparavant, la publication d'un livre nécessitait beaucoup d'efforts. Les écrivains devaient d'abord écrire le livre — ou rédiger une proposition de livre détaillée. Ensuite, ils devaient envoyer des lettres d'interrogation aux agents et aux éditeurs dans l'espoir que leurs écrits résonneraient auprès de quelqu'un. Même obtenir un agent de lecture pour lire votre lettre était une bataille ardue. La plupart des agents ont été inondés de milliers de lettres d'auteurs en devenir. La chance et le talent étaient nécessaires pour qu'un auteur soit remarqué.

Je pense qu'il est important d'être honnête sur la quantité de travail nécessaire pour écrire et publier un livre. Le revenu passif ne commence pas passif ! Vous devez mettre le travail à l'avant. Une fois que le système de revenu est établi, il devient passif. Si vous décidez de rédiger vous-même un livre, la rédaction peut durer des semaines, en fonction de votre vitesse et de vos capacités d'écriture. Même si vous embauchez un écrivain, le processus peut prendre un certain temps et nécessitera réflexion et effort de votre part.

Publication sur Amazon

Kindle Direct Publishing est une plateforme sur laquelle vous pouvez publier vos livres gratuitement. La publication directe Kindle, ou KDP est la plateforme d'autoédition d'Amazon où vous pouvez facilement publier vos propres livres, en gardant un contrôle total sur eux tout en touchant des millions et des millions de lecteurs à travers le monde.

Encore un autre exemple éclatant de la manière dont Internet ouvre la voie à des millions de personnes ambitieuses ; la publication Kindle ouvre le marché de l'écriture comme jamais auparavant. Quel que soit le domaine ciblé, des romans aux manuels, il n'y a pratiquement aucune limite au succès potentiel. Grâce à la portée étendue et globale d'Amazon, votre contenu peut être rapidement présenté à un public mondial.

Le contrôle susmentionné de votre contenu est l'un des principaux avantages de ce système. Cela signifie que toute édition, tout formatage, toute couverture, etc., sont à vous, et à vous seul, de guider et d'organiser la façon dont vous le souhaitez.

Avec l'édition directe Kindle, vous pouvez gagner des redevances sur votre travail équivalant à 70 % du prix de vos livres. KDP vous donne également la possibilité de publier rapidement, rendant vos livres disponibles sur la boutique Kindle en quelques heures, voire quelques minutes, après le téléchargement de votre ouvrage. Pouvez-vous imaginer à quel point cela aurait été incroyable il y a deux décennies, voire plus récemment ? Rien ne vous empêche de publier un livre en quelques minutes, pour que des millions y aient un accès instantané ! Je veux dire, faire publier votre travail, et encore moins le rendre aussi disponible était un vrai casse-tête pour les écrivains. Eh bien, ce temps n'est plus.

KDP vous offre la possibilité de commercialiser vos livres auprès de millions de lecteurs dans le monde entier grâce à la présence d'Amazon dans pratiquement tous les pays. Enfin, KDP vous permet de rendre vos livres accessibles à tous sous forme de livres électroniques pouvant être lus via des appareils Kindle et des applications Kindle gratuites tout en préservant l'environnement.

Pourquoi Kindle Direct Publishing ?

L'autoédition, en tant que moyen de revenu passif, devient de plus en plus populaire de nos jours. Il y a deux raisons à cela. Premièrement, la plupart des obstacles à l'entrée auxquels se heurtent normalement les nouvelles entreprises ne se produisent pas en autoédition. Ce qu'ils entendent par-là, c'est publier eux-mêmes leurs propres livres sur Kindle. Vous n'avez pas besoin d'un logiciel spécialisé, vous n'avez pas besoin d'être une figure d'autorité, un expert ou un gourou dans un domaine sur lequel vous aimez écrire, vous ne le faites pas. Vous n'avez pas besoin de faire du marketing de réseau ou des influenceurs connectés, vous n'avez même pas besoin de vendre directement aux gens, de vous adresser ou de faire du marché, et vous n'avez pas besoin de dépenser beaucoup d'argent. En fait, il est possible de gagner de l'autoédition Kindle sans avoir à dépenser plus que le coût de votre connexion Internet.

En fait, la qualité médiocre de votre contenu écrit ne vous empêchera pas nécessairement de gagner de l'argent. Certes, vous devez toujours faire de votre mieux pour produire de la qualité, mais cela peut ne pas être le facteur déterminant dans des niches particulières ou des publics cibles spécifiques. Selon le domaine que vous souhaitez parcourir, vos lecteurs potentiels se soucient peut-être davantage de l'essentiel de l'écriture que de la prouesse académique ou de l'expertise linguistique.

Le fait qu'il soit si simple de créer soi-même des publications sur Kindle signifie également beaucoup moins de risques, ou plutôt, la liberté de prendre plus de risques que dans le monde de l'édition traditionnelle. En effet, ces plateformes ne sont pas très exigeantes en investissement et permettent beaucoup plus d'expérimentation et d'essai dans différentes niches, approches et styles.

Une autre raison de la popularité croissante de l'autoédition est qu'elle fournit une très bonne opportunité de gagner un bon revenu passif. Une fois que vous avez rédigé votre livre à succès et l'avez téléchargé sur la boutique Kindle d'Amazon, vous attendez simplement que les ventes se décollent.

Enfin, cela peut vous donner une énorme opportunité d'atteindre la gloire et de gagner de l'argent. Sachant qu'Amazon est présent dans pratiquement tous les pays du monde parmi les millions de personnes qui achètent des livres sur la boutique Kindle, vous avez une foule d'opportunités de réussite.

Comment publier votre premier livre ?

Trouver une niche pour votre livre

La première étape pour publier vous-même votre premier livre est de faire vos recherches. Les chances de publier avec succès vos livres sur la boutique Kindle dépendent de votre capacité à connaître les bonnes niches ou les sujets à couvrir.

La plupart des autoéditeurs font l'erreur fatale de supposer que les sujets qui les intéressent ou qui les passionnent le plus feront de très bons sujets sur lesquels ils pourront publier des livres. Maintenant, je ne dis pas que de tels sujets sont voués à l'échec automatiquement. Bien que ce soit bien si vous pouvez publier sur quelque chose qui vous passionne ou qui vous intéresse, il est plus facile de publier soi-même un livre que d'écrire sur de tels sujets.

Pour déterminer si une niche potentielle sera rentable pour l'autoédition, il est essentiel de choisir des sujets qui intéressent de nombreuses personnes. En recherchant d'abord ce que les gens veulent, vous éliminez pratiquement le risque d'échec lors de votre première tentative d'autoédition. En effet, vous allez publier selon un modèle qui a fonctionné pour toutes les entreprises depuis des temps immémoriaux — l'offre et la demande.

Ainsi, lors de vos recherches, il est important de rechercher des modèles à l'endroit où vous allez vendre vos livres publiés par vous-même — Amazon Kindle Store. Alors, qu'est-ce que vous devriez rechercher spécifiquement en termes de modèles ?

Tout d'abord, regardez les différents livres qui couvrent ou se concentrent sur le même sujet ou la même niche. Ensuite, évaluez les positions de ces livres et d'autres ouvrages similaires dans le contexte des ventes globales du magasin Kindle ainsi que des 100 meilleurs vendeurs dans leurs catégories. Enfin, recherchez un marché ou une niche qui n'est pas encore encombré, car ce sont ceux-là sur lesquels vous avez une chance beaucoup plus grande de dominer et de réussir.

Si vous avez eu une longue carrière dans un secteur particulier — et que vous avez des qualifications pour étayer votre autorité — alors, choisissez une niche dans laquelle votre expérience de carrière et votre autorité peuvent vous aider à écrire et à commercialiser votre livre, cela a beaucoup de sens. Les gens sont beaucoup plus susceptibles d'acheter et de lire un livre de quelqu'un qu'ils considèrent être une autorité que de quelqu'un qui n'a aucune autorité. Lorsque vous misez sur vos atouts, vous augmentez les chances que votre livre se transforme en un flux constant de revenus passifs.

Il très utile pour choisir un sujet de niche de commencer par un sujet général et d'examiner les sous-catégories répertoriées dans la boutique Kindle d'Amazon. Lorsque vous accédez à la Boutique Kindle et faites défiler l'écran vers le bas, vous verrez une liste de catégories générales sur le côté gauche de la page. Choisissez n'importe quel sujet dans cette liste et vous verrez une liste de sous-catégories, ou niches, en dessous. Ces sous-catégories peuvent se décomposer davantage. Plus votre sujet choisi est spécialisé, plus il vous sera facile d'atteindre le statut de best-seller sur Amazon. Le fait de pouvoir afficher le logo « Amazon Bestseller » (N° 1 des ventes) sur votre ouvrage peut considérablement stimuler les ventes et renforcer votre autorité, ce qui peut également vous aider dans d'autres domaines du revenu passif.

Pour avoir une idée de ce que je veux dire, examinons une liste de sous-catégories liées à un seul sujet sur Amazon, **Cuisine et Vins** :

‹ Boutique Kindle

‹ Ebooks Kindle

Cuisine et Vins

Alcools et spiritueux

Art de la table, Fêtes et Réceptions

Bases de la cuisine

Cafés, thés, chocolats

Cuisine au quotidien

Cuisine de saison

Cuisines du monde

Cuisines régionales

Desserts

Entrées

Fromages

Gastronomie

Légumes

Poissons et Fruits de mer

Pâtes, riz

Viandes, volailles, gibiers

Vins

Si vous avez une idée de base du sujet sur lequel vous souhaitez écrire, consulter la liste des sous-niches sur Amazon peut être un bon moyen de réduire vos options.

Il est conseillé d'étudier les titres disponibles dans une sous-catégorie et leur niveau de vente. La lecture de critiques peut vous aider à identifier un sujet intéressant les lecteurs. Par exemple, si plusieurs critiques indiquent qu'ils souhaiteraient qu'un auteur ait couvert un sujet particulier de manière plus approfondie, vous pouvez envisager de rédiger un livre sur ce sujet.

S'il est possible de concilier ce qui est demandé et le contenu que vous voulez vraiment écrire, c'est encore mieux. Cependant, le marché peut souvent vous obliger à abandonner certaines idées et à vous forcer à vous adapter à la dynamique offre/demande du marché.

Maintenant, ce n'est que le début, autant que vous puissiez augmenter considérablement les chances de publier avec succès votre premier livre sur la boutique Kindle — et avec succès, je veux dire gagner de l'argent — ce n'est pas une garantie. Vous devrez ensuite créer un bon livre qui vaille le temps et l'argent de votre marché.

Définir le plan de votre livre

Créer un plan pour votre livre peut vous aider à en écrire un très facile à lire et à comprendre. Rien d'autre ne peut plus saboter votre ouvrage que d'être dispersé et inorganisé. En créant un bon plan, vous minimisez le risque de produire un livre de mauvaise qualité et augmentez considérablement vos chances de publier vous-même un livre de haute qualité. Les plans facilitent également beaucoup la rédaction de votre ouvrage.

Alors, comment allez-vous créer un très bon plan pour votre premier livre autopublié ? Pour commencer, vous pouvez commencer avec la table des matières des livres que vous avez évalués précédemment. Ce qui est magnifique avec la boutique Kindle d'Amazon, c'est qu'il vous permet de jeter un coup d'œil furtif à l'intérieur des livres vendus, environ 10 % du livre. Vous pouvez consulter les tables de contenu de ces livres pour avoir une idée de ce que vous devez couvrir pour votre sujet particulier. Cela peut également vous donner une idée, si vous êtes au courant du sujet ou si vous avez fait suffisamment de recherche, de ce qui manque dans la plupart de ces livres afin que vous puissiez les couvrir dans le vôtre.

La section commentaire est une autre ressource utile pour créer votre plan. Considérez à la fois les critiques négatives et positives, mais accordez plus d'attention aux négatives. Les critiques négatives vous donnent des informations importantes sur les faiblesses des livres publiés sur la même niche ou le même sujet que vous, que vous pouvez compléter ou exploiter. Essentiellement, les critiques négatives peuvent vous aider à éviter les pièges susceptibles de saboter votre plan.

Les critiques positives vous donnent un aperçu de ce que d'autres livres ont bien fait, de ce que vos lecteurs potentiels apprécieront le mieux et, bien sûr, des idées sur lesquelles il faut compter. Vous n'avez pas nécessairement à réinventer la roue, mais vous pouvez améliorer beaucoup la roue existante et réussir à publier vous-même votre premier livre sur la boutique Kindle.

Enfin, une fois que le travail préparatoire a été établi grâce à des recherches suffisantes et qu'une idée des demandes a été clarifiée en examinant les commentaires, il est temps de passer au travail principal.

Écrire le livre

Maintenant que vous avez créé votre plan, il est temps d'écrire le livre. Vous pouvez le faire de deux manières : engagez un rédacteur Freelancer ou écrivez-le vous-même.

Si trouver le temps nécessaire pour écrire un livre, de bonnes compétences en rédaction et une expertise sur un sujet ou une niche particulière est un défi de taille pour vous, il est alors important de faire appel à un rédacteur Freelancer.

Prenons une minute pour examiner les avantages de chaque option, en commençant par écrire le livre vous-même :

- Si vous écrivez le livre vous-même, vous n'avez pas à payer un écrivain. Le seul investissement que vous devez faire est votre temps et votre créativité.
- Écrire le livre vous-même garantit que vous avez le contrôle créatif total sur le contenu. Lorsque vous confiez la recherche à un Freelancer, vous courez le risque que certains sujets ne soient pas traités comme vous le souhaitez — et cela peut nécessiter un investissement supplémentaire de votre part en fonction de la nature de votre accord avec le rédacteur que vous engagez.

- Un livre que vous écrivez vous-même reflétera votre vraie voix, et si vous écrivez sur un sujet qui vous passionne, votre passion transparaîtra dans l'écriture. Un rédacteur fera de son mieux pour imiter le ton que vous spécifiez, mais le livre peut ne pas sembler comme vous à 100 %.

- La commercialisation d'un livre que vous avez écrit vous-même peut venir plus naturellement que la commercialisation d'un livre écrit par un Freelancer. Vous pourrez parler de votre livre avec beaucoup de passion et d'autorité, car vous maîtriserez chaque aspect de celui-ci d'une manière que seul son auteur peut le faire.

Voyons maintenant les avantages d'engager un Freelancer :

- Votre temps est précieux. Bien que vous deviez payer pour que votre livre soit fantomatique, le montant qu'il vous coûte en euros peut être peu coûteux par rapport au temps qu'il vous faudrait pour l'écrire vous-même, surtout si vous n'êtes pas très à l'aise pour l'écrire.

- Lorsque vous engagez un Freelancer qui connaît bien la niche que vous avez choisie, vous obtenez deux avantages — un rédacteur professionnel et un chercheur — pour le prix d'un. Beaucoup d'écrivains professionnels se spécialisent dans une niche ou un domaine particulier, et le fait qu'ils écrivent constamment sur un sujet peut être un réel avantage pour vous, surtout si vous voulez que votre livre traite d'un sujet qui n'est pas quelque chose que vous connaissez beaucoup.

- Si vous écrivez le livre vous-même, vous devrez peut-être faire appel à un éditeur de texte professionnel et/ou à un correcteur d'épreuves pour vous assurer que votre livre est correctement ponctué et exempt d'erreurs de grammaire et d'orthographe. Un écrivain professionnel devrait s'occuper de ces choses pour vous dans le cadre de leurs services réguliers et vous livrer un livre professionnel avec la grammaire appropriée.

Comme vous pouvez le constater, chaque option a ses avantages et ses inconvénients. Je vous recommande l'embauche d'un Freelancer si vous êtes très mal à l'aise pour écrire ou si vous avez des difficultés avec un français correct.

Conseils pour écrire un livre

Commençons par l'écriture. Beaucoup de gens ne se voient pas comme des écrivains, mais la vérité est qu'écrire consiste simplement à assembler des mots de manière significative. C'est quelque chose que vous fassiez toute la journée que vous composiez des Tweets, parliez au téléphone ou répondiez à un courrier électronique. Un livre est juste une version plus longue de cela.

Pour vous donner une idée de la facilité avec laquelle vous pouvez obtenir un livre électronique sur Amazon, laissez-moi vous dire que le livre moyen sur la boutique Kindle ne contient en moyenne que 10 000 mots. Cela se traduit par environ 35 à 50 pages de texte. Ce n'est pas grand-chose du tout ! Si vous n'écriviez que 500 mots par jour, vous pourriez avoir un brouillon de votre livre en moins de trois semaines.

Si l'idée d'écrire vous met très mal à l'aise, vous pouvez envisager d'utiliser un outil de synthèse vocale. L'avantage de le faire est que vous n'avez pas à écrire, du moins pas au début. Vous pouvez choisir un sujet, en parler et laisser l'outil utilisé le traduire en texte. Vous devrez toujours revoir le texte, corriger les erreurs et travailler pour créer un bon flux avec votre contenu, mais le processus lui-même peut être simple. Souvent, il est plus facile pour une personne qui ne se considère pas comme un écrivain de travailler avec quelque chose déjà écrit que de se sentir obligée de partir de zéro avec une page blanche.

Lorsque vous avez rédigé un premier projet, je vous suggère fortement de le ranger pendant une semaine ou deux avant de tenter de le réviser. Avoir du temps libre de votre projet peut vous aider à le regarder avec une nouvelle perspective. Lorsque vous le relancez, le lire à voix haute est un très bon moyen de repérer des mots répétés et des phrasés maladroits. Lorsque nous lisons en silence, nos yeux ont tendance à sauter des mots. La lecture à voix haute est également un moyen efficace de relire et de repérer les homonymes et autres erreurs courantes.

Une fois que vous avez révisé le livre, vous devriez engager un éditeur ou un correcteur d'épreuves professionnel si vous pensez que votre livre peut encore contenir des erreurs. Il n'y a pas de honte à avoir une autre paire d'yeux sur votre livre. Il peut également être utile de faire lire le livre à des personnes qui connaissent bien votre sujet et de donner leur avis.

Conseils pour engager un rédacteur Freelancer

Si vous ne souhaitez pas écrire vous-même un livre, vous avez la possibilité de faire appel à un rédacteur Freelancer pour le rédiger à votre place. Les Freelancer sont largement disponibles sur des sites Internet. Il est important de garder à l'esprit que vous voulez vous assurer que vous embauchez un bon écrivain, idéalement un connaisseur de votre sujet.

Voici quelques conseils pour vous aider à choisir le bon rédacteur.

1. Rédigez une description de travail détaillée pour le projet que vous avez en tête. Vous n'êtes pas obligé d'inclure votre plan ou votre liste de sujets, mais vous devez indiquer le sujet général traité dans votre livre, sa durée, la rapidité avec lesquels vous prévoyez terminer le projet et son ampleur. Vous êtes prêt à payer. Vous n'avez pas à spécifier un montant exact, mais c'est une bonne idée de donner une fourchette. N'oubliez pas que si votre prix est très bas, vous courez le risque d'attirer des rédacteurs moins compétents.

2. Spécifiez les qualifications que vous attendez des rédacteurs. Par exemple, vous voudrez peut-être indiquer que seuls les francophones de langue maternelle doivent postuler et que vous préférez un écrivain expérimenté dans la rédaction du sujet que vous avez choisi. Vous devriez également demander un échantillon d'écriture. Certains sites

n'autorisent pas les rédacteurs à joindre un échantillon à leur enchère initiale. Dans ces cas, vous devriez demander des échantillons aux rédacteurs dont les offres vous intéressent le plus.

3. Réduisez votre liste en lisant les offres et les échantillons, et en demandant des échantillons si nécessaire. Lorsque vous évaluez des échantillons, gardez à l'esprit le ton que vous souhaitez donner à votre livre. Préférez-vous un ton décontracté et conversationnel, ou un ton plus formel ? Un rédacteur qualifié peut émuler de nombreuses tonalités différentes, mais si vous trouvez un écrivain dont la voix vous attire particulièrement, cela peut être un facteur déterminant.

4. Après avoir réduit votre liste en vous servant d'échantillons, il est temps d'interviewer les rédacteurs. Sauf si vous embauchez un rédacteur par le biais d'un éditeur de livres électroniques bénéficiant d'une réputation stellaire, vous ne devez pas ignorer cette étape. Dans certains cas, les rédacteurs peuvent utiliser des échantillons qu'ils n'ont pas écrits pour obtenir un emploi. Lorsque vous parlez directement à un écrivain, il est facile de savoir s'il peut écrire. Comme je l'ai mentionné précédemment, écrire consiste simplement à enchaîner des mots. Une personne qui ne sait pas parler avec un français correct sera

probablement incapable d'utiliser un français correct lorsqu'il écrit.

5. Enfin, prenez votre décision et engagez le rédacteur que vous souhaitez. Vous devriez convenir d'un prix et d'un calendrier. La plupart des sites web indépendants vous permettent d'établir vos paiements à l'écrivain à l'avance. Un écrivain professionnel va insister là-dessus, car il y a des gens sans scrupules qui pourraient ne pas le faire et qui refuseront de payer l'écrivain. Vous devriez être prêt à financer le projet. L'argent sera conservé sur le compte jusqu'à ce que le rédacteur ait terminé le travail et que vous ayez approuvé son travail. Assurez-vous également de préciser vos besoins en termes de réécriture. Si vous payez un taux horaire, vous devez être prêt à payer plus pour un travail supplémentaire.

Je vous recommande les mêmes méthodes que vous utiliseriez pour un livre que vous avez écrit vous-même lorsqu'il s'agit de le finaliser. Lisez-le à voix haute et prenez des notes détaillées sur les modifications que vous souhaitez apporter au livre. Vous avez la possibilité de demander au rédacteur de faire des modifications ou de les apporter vous-même.

Créer le titre et la couverture

Le titre et la couverture sont deux aspects très critiques de votre livre. Il est vrai que c'est ce le contenu qui compte, mais c'est votre couverture et votre titre qui inciteront les lecteurs à consulter le contenu. Ce sont les deux portes par lesquelles les gens doivent entrer pour voir le contenu de votre livre. Si la porte est peu attrayante, ils ne penseront même pas à regarder à l'intérieur.

Votre couverture et votre titre doivent se démarquer et être différents, c'est-à-dire accrocheurs. Étant donné que la perspective sur le Kindle a peu de temps pour choisir et que des tonnes d'autres livres sont à trier, de ce fait, votre ouvrage n'a qu'une seconde pour convaincre les lecteurs d'interrompre leurs recherches pour consulter le contenu ou la description de votre livre.

Contrairement à la sagesse traditionnelle, les gens jugeront un livre à sa couverture et le jugeront rapidement et apparemment. Étant donné que votre livre a un contenu de qualité, la couverture et le titre sont certainement ceux qui captiveront et attireront la grande majorité de vos lecteurs potentiels. Quoi que l'on essaie de vendre dans la vie, l'importance de l'attrait visuel ne peut jamais être négligée. Non seulement l'appel initial est essentiel, mais il peut s'avérer très avantageux. Beaucoup de choses ont été vendues à première vue, souvent indépendamment des valeurs intérieures ! Bien entendu, cela ne signifie pas que vous devriez vendre du contenu bien emballé, mais horrible, après tout, sur le marché des écrivains, vous devez vous préoccuper des commentaires.

Le meilleur moyen de créer une excellente couverture est de faire appel à une aide professionnelle. Heureusement, il n'est pas coûteux d'obtenir une excellente couverture de livre ces temps-ci. Vous pouvez sous-traiter sur des sites tels que Fiverr ou 5euros, où tous les services ont un prix standard de 5 euros. Ce qui est important, c'est que vous avez déjà une idée de ce que vous souhaitez comme couverture, de sorte que le graphiste puisse facilement le faire selon vos spécifications. Si ce n'est pas le cas, cela peut prendre un peu de temps et des aller-retour pour réussir.

Lorsque vous choisissez un designer, utilisez certaines des mêmes méthodes que vous engageriez un rédacteur. Demandez à voir des échantillons de leur travail passé. Vous devriez réfléchir au style de couverture que vous souhaitez. Si vous souhaitez utiliser des images ou des couleurs particulières, vous devez également les spécifier. C'est une bonne idée de choisir une personne expérimentée dans la conception de couvertures pour les livres Kindle. N'oubliez pas que vous voulez que votre image de couverture ait une belle apparence, en taille réelle et en miniature, car c'est ainsi qu'elle sera affichée sur la boutique Kindle.

Je vous recommande vivement de regarder les autres couvertures de votre niche avant de concevoir une couverture ou d'engager un designer. Portez une attention particulière aux best-sellers. Qu'est-ce qui te plaît dans ces couvertures ? Prenez des notes et utilisez des couvertures existantes comme exemples pour donner au concepteur une idée de ce que vous voulez.

Une fois la couverture terminée, il est temps de travailler sur votre titre. Votre titre donne aux lecteurs une idée de votre livre en quelques secondes à peine. C'est là qu'intervient le grand copywriting. Une bonne rédaction peut vous aider à transmettre à vos acheteurs potentiels le contenu de votre livre, qui sera le principal critère selon lequel ils décideront ou non d'acheter votre livre.

Quelques bons conseils pour faire ressortir votre titre, attirer l'attention des lecteurs et les convaincre de consulter au moins la page Amazon de votre livre et des exemples :

- ✓ Le titre doit identifier le principal avantage de la lecture du livre, comme une perte de poids ou une meilleure santé, par exemple ;
- ✓ Le titre doit être spécifique en termes d'avantages identifiés ;

✓ Le titre doit être riche en mots clés pour qu'il puisse bien figurer dans les recherches de certains mots clés sur Amazon, car la première étape pour se faire remarquer consiste à être vu. Si votre livre ne se classe pas correctement dans les recherches Amazon pour les mots clés de votre niche ou de votre sujet, la probabilité qu'il soit vu est très faible, sinon nulle.

Si le jeu des mots n'est pas votre point fort, il est de nouveau possible de faire appel aux services d'un Freelancer, d'un rédacteur publicitaire, qui maîtrise très bien les mots comme par magie. Pour un investissement de 5 euros, vous doterez votre livre d'un titre efficace, qui pourra par la suite s'avérer crucial pour capitaliser sur votre travail.

Formater votre livre pour Kindle

Une fois votre livre écrit et votre couverture conçut, l'étape suivante consiste à formater votre livre pour la boutique Kindle. Les instructions pour la publication KDP, disponibles sur la page d'assistance de publication Amazon Kindle, sont relativement faciles à suivre si vous connaissez bien Microsoft Word. Si vous utilisez un autre logiciel de traitement de texte, vous devrez peut-être transférer le fichier dans Word pour le formater correctement.

Lorsque vous formatez votre livre, vous devez surtout vous rappeler que vous devez insérer des sauts de page à la fin de chaque chapitre pour assurer une lecture fluide. Les lecteurs Kindle s'attendent à ce que les livres soient formatés d'une certaine manière, et si les chapitres sont réunis, vous risquez de vous plaindre du formatage.

Je vous recommande également de prendre le temps de mettre des signets pour donner au livre une table des matières navigable. Placez votre table des matières lorsqu'Amazon le spécifie, après la page de copyright et avant le reste de votre contenu. À partir de là, vous pouvez utiliser l'outil automatique de Word pour créer une table des matières ou en créer une manuellement. Vous devez également prendre le temps d'insérer des signets afin que les lecteurs puissent accéder au début du livre et à la table des matières facilement à partir de n'importe où dans le livre. Les instructions sur la procédure à suivre figurent sur la page d'assistance de formatage Kindle.

Rédiger une description de votre livre

La description de votre livre peut faire ou défaire le succès de votre livre. Alors que la couverture et le titre incitent les gens à jeter un coup d'œil sur votre livre, la description de votre livre est ce qui peut leur donner une image claire de ce à quoi s'attendre de votre livre. C'est ce qui peut donner aux lecteurs la force nécessaire pour vérifier votre livre plus loin en téléchargeant un échantillon de celui-ci.

C'est aussi la partie où il y a de la place pour la créativité et une écriture intelligente, mais ne perdez jamais de vue votre objectif : attirer les clients ! Selon le thème ou le genre de votre livre, différentes tactiques peuvent être utilisées pour susciter l'intérêt des lecteurs. Si le livre est une œuvre de récit créatif, un élément de thriller pourrait bien fonctionner dans votre description. D'un autre côté, s'il s'agit d'un document plus instructif/éducatif, il peut être judicieux de rester très clair sur le point et le cœur du contenu.

La description de votre livre est pratiquement votre page de vente principale et en tant que telle, c'est une excellente idée d'apprendre quelques techniques et principes de rédaction pour augmenter ses chances d'inciter les lecteurs à acheter votre livre ou à télécharger un échantillon au minimum. Faites-le bien et vous pourrez convaincre les lecteurs d'acheter votre livre. Faites-le mal, eh bien, vous obtenez l'image.

Rappelez-vous que la description ne doit pas être un rapport de livre. Vous ne voulez pas une récapitulation sèche et sérieuse de ce qui est dans le livre. Il y a un vieil adage publicitaire qui dit de vendre le grillé, pas le steak. Votre description devrait grésiller. En d'autres termes, vous devez décrire votre livre avec précision de manière à le rendre totalement irrésistible.

Pour ce faire, concentrez-vous sur les avantages que les lecteurs peuvent attendre de votre livre au lieu de leur indiquer à quel point votre livre est bon. Au moment où ils ont fini de lire votre description, vous voulez qu'ils se sentent comme si ne pas acheter votre livre serait une erreur.

Une bonne description de livre doit comporter beaucoup d'espace pour faciliter la lecture. Divisez votre contenu en paragraphes courts et utilisez également des points centraux.

Vous devez également vous assurer de :

- Choisir des mots clés (Amazon vous permet de choisir jusqu'à sept)
- Utilisez les mêmes mots clés dans la description de votre livre.

- Choisissez deux catégories ou sous-catégories pour aider Amazon à savoir où répertorier votre livre.

Définir le prix de votre livre

Il est primordial que vous optimisiez bien votre prix, surtout au début. Une fois que vous commencez à vendre, votre revenu, ainsi que vos commentaires, vous dira si le prix peut être augmenté ou doit être diminué. Quoi qu'il en soit, vous devez tout mettre en œuvre pour bien faire les choses au tout début, afin de maximiser vos performances sur le marché.

Quel est le prix idéal pour vos livres ? La première considération est le marché. La plupart des livres numériques Kindle coûtent entre 0,99 et 3,99 euros pour un livre électronique d'une moyenne de 10 000 à 15 000 mots. Vous pouvez donc choisir un prix compris dans cette fourchette.

En parlant de marché, un autre bon moyen de fixer le prix de vos livres consiste à prendre en compte ceux de livres similaires de votre marché ou de votre niche, en particulier les plus vendus. Cela devrait vous donner une idée de ce que le marché peut penser de la valeur de votre livre. Examiner la concurrence et prêter une attention particulière à la façon dont ils font les choses est toujours rentable. En ce qui concerne les prix, les prix moyens dans votre domaine doivent être bien compris et explorés. Cela vous montrera où et comment vous pouvez en profiter. Parfois, placer votre prix un peu en dessous de celui de vos concurrents peut vous donner l'avantage dont vous avez besoin. En même temps, si vous savez que vous avez un contenu premium, ces informations vous indiqueront jusqu'à quel point vous pouvez l'emporter et non surestimer votre produit.

Deuxième considération est votre revenu de redevances souhaité. Le prix de vos livres numériques entre 2,99 et 9,99 euros vous permet d'obtenir un revenu sous forme de redevances de 70 % du prix par unité de vente, tandis que le prix indiqué en dehors de cette fourchette — supérieure ou inférieure — le réduit à 35 % seulement. Pour un revenu de redevance maximal, la fourchette idéale est donc la fourchette de 2,99 à 9,99 euros. En revanche, votre revenu de redevances sur les formats brochés est de 60 % du prix de votre livre en déduisant les frais d'impression calculés automatiquement lors de la publication de votre livre broché.

Pour maximiser les revenus de votre ouvrage, je vous recommande le publié en deux formats numérique et broché, et également de le souscrire au programme KDP Select. Ce dernier vous permet de percevez une redevance à chaque lecture de votre livre via les programmes Kindle Unlimited, Abonnement Kindle et Bibliothèque de prêt Kindle.

Télécharger votre livre sur KDP

Une fois que vous avez écrit une bonne description de votre livre, il est temps de télécharger votre livre sur la plateforme KDP. Vous commencerez par visiter la page d'accueil du KDP et créer un nouveau compte. À partir de là, vous entrerez les détails de votre livre, y compris votre titre, votre description, vos mots clés et catégories, comme indiqué ci-dessus.

Après cela, vous téléchargerez votre fichier Word sur KDP. Encore une fois, le format préféré est Word (.docx), mais il y a des instructions sur la façon de télécharger et de formater un fichier HTML, TXT ou PDF. Une fois le fichier téléchargé, KDP le convertira au format approprié pour pouvoir le lire sur un Kindle.

Suivez simplement les instructions KDP, qui sont assez faciles à suivre, et attendez qu'il soit approuvé et disponible à l'achat sur la boutique Kindle.

En quelques heures plus tard, votre livre sera exposé à des millions de lecteurs potentiels qui sont déjà sur Amazon en train de chercher des livres à acheter ! C'est magique, non !

Commercialiser de votre livre

Bien que cela ne soit pas tout à fait nécessaire, la promotion de votre livre peut considérablement contribuer à augmenter les ventes. Vous avez plusieurs options disponibles, payantes et gratuites.

Voici quelques suggestions :

- KDP vous propose deux outils de promotion remarquables : l'outil Kindle Countdown Deals, qui vous permet de proposer votre livre à prix réduit pour une durée limitée tout en percevant des redevances ; et l'outil de promotion Livre gratuit, qui permet aux lecteurs du monde entier d'obtenir gratuitement votre livre pour une durée limitée également.

- Si vous disposez des ressources nécessaires pour le faire et que vous ne perdez pas de l'argent, envisagez de faire une bande-annonce de votre livre et de la publier sur YouTube. Votre objectif devrait être de rendre le livre aussi convaincant que possible.

- Avez-vous un blog ? Si tel est le cas, votre blog est l'endroit idéal pour faire connaître votre nouveau livre. Vous pouvez créer une anticipation pour sa sortie en bloguant sur votre processus d'écriture et en annonçant la date de sortie. Vous pourriez envisager de donner des exemplaires gratuits du livre en organisant un concours. Une bonne façon de le faire est d'offrir une entrée gratuite à tous ceux qui commentent sur votre blog, puis d'offrir des entrées supplémentaires aux lecteurs qui partagent des informations sur votre concours sur Facebook, Twitter et d'autres sites de réseaux sociaux. Vos lecteurs gagnent des chances supplémentaires de gagner votre livre, et vous gagnez une tonne de publicité gratuite.

- Je vous recommande également vivement de publier votre livre sur les réseaux sociaux. Par exemple, vous pouvez configurer une page pour votre livre sur Facebook, puis créer une annonce qui cible les personnes qui, selon vous, sont les plus susceptibles de lire votre ouvrage. Vous devrez passer du temps à considérer votre public cible. Vous avez également la possibilité de cibler vos connexions Facebook et leurs amis, mais ne le faites que si vous pensez que ces personnes représentent un public probable pour votre livre. Sinon, vous feriez mieux de vous en tenir à vos données démographiques cibles et de simplement demander à vos amis de partager des informations sur votre livre. Vous pouvez également envisager un Tweet ou une Épingle sponsorisés (épingler la couverture de votre livre sur Pinterest est un excellent moyen de faire passer le mot).

- Une autre bonne idée est de contacter les influenceurs de votre niche et de leur demander de lire et de commenter votre livre. Vous devez peut-être en distribuer des exemplaires gratuits à des blogueurs influents ou à des personnes qui suivent énormément les réseaux sociaux.

Faites attention à vos ventes sur Amazon et lisez les commentaires pour obtenir des idées sur la façon d'améliorer et de mettre à jour votre contenu. Il est important de rester respectueux (et non défensif) si vous choisissez de répondre directement aux lecteurs. N'oubliez pas que vous ne devez pas suivre toutes les suggestions qu'ils font. Examinez vos critiques et encouragez les personnes que vous connaissez à lire et à relire votre livre.

Si vous suivez les instructions de ce chapitre et que vous commencez dès aujourd'hui, vous pourrez avoir votre premier livre sur la boutique Kindle d'Amazon d'ici un mois ou deux maximums. Je sais que le processus peut sembler décourageant, mais d'après mon expérience, il vaut bien le temps et les efforts nécessaires. En fait, c'est ma méthode de revenu passif préférée — j'ai des livres qui génèrent plus de 1000 euros/mois chacun et c'est pourquoi j'ai consacré tant de pages à ce sujet.

Chapitre 4 : Marketing d'affiliation

Le marketing d'affiliation est un moyen passif de gagner de l'argent simplement en promouvant les produits ou services d'autres entrepreneurs sur votre site web ou sur votre blog. Il existe différentes manières de faire du marketing d'affiliation, mais vous pouvez généralement gagner des commissions — en pourcentage des ventes — ou à des taux fixes par achat que les fournisseurs de produits ou de services vous donnent chaque fois que vos lecteurs cliquent sur un lien du contenu de votre page web ou de votre blog, sont dirigés vers le site web du fournisseur et achètent le produit ou le service proposé. Dans d'autres programmes d'affiliation, les visiteurs doivent simplement effectuer certaines actions autres que l'achat, telles que l'activation d'une adresse email ou répondant à un sondage, entre autres.

Les conversions — ou les ventes effectives — sont suivies avec précision par les fournisseurs via un lien qui vous est attribué et qui contient un code spécifique, qui est utilisé par les fournisseurs pour déterminer laquelle des ventes a été réalisée par vous. D'autres vendeurs peuvent vous donner un code de coupon à donner à vos lecteurs. Ces codes sont ce qui identifie vos ventes en tant qu'éditeur, ce qui constitue la base du paiement de vos commissions.

Le marketing d'affiliation est l'un des supports les plus préférés — sinon le plus — privilégié pour la publicité par de nombreuses personnes en raison de sa rentabilité. Avec le marketing d'affiliation, les vendeurs ne paient que pour la publicité lors de la conversion ou d'une action particulière, comme mentionnée précédemment. Contrairement à la publicité ou au marketing traditionnel, les vendeurs n'ont pas à payer pour les publicités qui font la sourde oreille ou qui, dans le cas du marketing en ligne, ont les yeux aveugles. En tant que telle, la rentabilité est améliorée.

En d'autres termes, le marketing par affiliation a connu une croissance importante par opposition aux moyens de publicité traditionnelle, car il offre une efficacité de 100 % sur l'investissement. Payer des panneaux d'affichage, placer des publicités à la télévision, participer à des programmes de parrainage, etc. sont souvent coûteux et n'offrent aucune garantie que les ventes augmenteront. Au mieux, les entreprises peuvent faire appel à des services de pronostic et de conseil d'experts pour améliorer leurs tactiques de marketing dans l'espoir de minimiser les risques.

Pour des éditeurs tels que vous, le marketing par affiliation est gagnant, car il permet de découvrir et de vendre des produits très pertinents pour une niche de choix, ce qui peut générer des revenus plus élevés que le marketing au paiement par clic ou les bannières publicitaires.

Je sais par expérience personnelle qu'une offre de ce type est celle d'un ami qui possède une chaîne YouTube depuis un certain temps. Quelques-unes de ses vidéos didactiques sur un sujet spécifique ont permis de recueillir un nombre considérable de points de vue. Un jour, il a été contacté par une société dont les activités étaient liées au contenu de ses vidéos. En fait, ils ont offert de payer une somme décente s'il leur donnait le droit de commercialiser leurs produits sur ces vidéos. De cette façon, il exploitait assez bien son contenu, et il n'y allait même pas ! Imaginez ce que vous pouvez accomplir avec un mélange d'efforts, d'organisation et de concentration.

Ce que vous devez faire pour commercialiser avec succès vos produits d'affiliation. Comme dans le cas de la rédaction d'un livre électronique, tout commence par le choix de la bonne niche.

Choisir une niche

Bon nombre des mêmes problèmes s'appliquent au choix d'une niche pour la vente de produits d'affiliation qui s'appliquent au choix d'une niche pour un livre. Je ne vais pas perdre votre temps à répéter le même contenu. Par conséquent, si vous avez sauté le précédent chapitre, je vous recommande de revenir à la section consacrée à la sélection de niche.

Ce que j'aimerais ajouter, c'est que si vous avez déjà un blog dans une niche particulière, l'ajout de produits de niche au blog peut être un moyen relativement rapide et facile de configurer des flux de revenus passifs. Un blog, surtout si vous avez déjà un public important, est un excellent outil de marketing. Chaque message que vous écrivez utilise des mots clés et couvre un sujet d'une niche de votre choix.

Si vous n'avez pas encore de blog, mais qu'il existe une niche qui vous intéresse, en commencer un est un très bon point de départ pour la commercialisation de produits d'affiliation. Les blogs peuvent vous aider à vous positionner comme une figure d'autorité dans la niche que vous avez choisie, ce qui donnera plus de poids à votre choix de certains produits.

Je vous recommande de subsister avec des produits dans une seule niche dès le début. Vous pouvez ultérieurement vous orienter vers d'autres niches connexes. Cependant, en tant que nouvel agent de commercialisation affilié, vous ne pouvez pas en faire trop. Vous allez devoir passer du temps à créer du contenu (ou à engager quelqu'un pour le créer), ainsi qu'à mettre en place et à tester un entonnoir (tunnel) de vente efficace. Plus votre spécialité est étroite, plus il vous sera facile de tirer parti de vos connaissances et de commencer à gagner de l'argent rapidement.

Scruter la compétition

Une autre bonne étape préliminaire lors de la commercialisation de produits d'affiliation consiste à effectuer des recherches de base sur les mots clés. Un mot clé est un mot ou une série de mots qu'un utilisateur d'Internet tape dans un moteur de recherche. L'analyse de l'utilisation des mots clés et des tendances peut vous aider à identifier les sujets d'une niche qui génèrent un volume élevé de trafic de recherche. En d'autres termes, ils peuvent vous aider à restreindre votre choix de produits à ceux qui ont les meilleures chances de vente.

L'un des outils que j'aime utiliser est Market Samurai, qui vous permet d'afficher les principaux mots clés en vogue dans toutes les niches. Lorsque vous vous inscrivez pour un abonnement gratuit, vous avez également accès à des vidéos qui vous fourniront des informations précieuses sur la façon de faire la différence entre un mot clé de grande valeur et un mot clé pouvant générer un trafic important, mais ne jamais vous rapporter de l'argent.

C'est aussi une bonne idée de rechercher les meilleurs blogs dans la niche que vous avez choisie et de voir quels produits affiliés ils promeuvent. Vous pouvez commencer par rechercher sur Google, en tapant dans la barre de recherche : « **votre niche** » + **blog**. Je vous recommande de regarder les dix meilleurs blogs qui apparaissent et d'écrire les noms des produits qu'ils vendent. Cela peut vous fournir un bon point de départ pour rechercher des produits.

Recherche de produits

Une fois que vous avez une niche, des mots clés très utilisés et une liste de produits potentiels à promouvoir, il est temps de rechercher ces produits et de déterminer s'ils valent la peine d'être promus. Le site que je vous recommande pour la recherche de produits est ClickBank, un marché gigantesque où vous pouvez consulter les produits des sociétés affiliées et en apprendre davantage à leur sujet. Le site 1TPE est intéressant, je vous conseille de visiter le site et de parcourir les différentes catégories proposées.

Je vous recommande de jeter un coup d'œil sur les meilleurs produits de votre catégorie et de rechercher les produits que vous avez mentionnés précédemment. Limitez-les en fonction de ce que vous avez appris. Après cela, je vous recommande de prendre les mesures suivantes pour effectuer une recherche approfondie des produits laissés sur votre liste :

1. Faites une recherche sur Google et lisez les critiques du produit. Vous allez devoir faire face à une bataille difficile si vous choisissez de promouvoir un produit contenant de très mauvaises critiques, et vous pourriez aussi bien le savoir à l'avance. Si vous constatez des réclamations ou que des gens disent qu'ils ont

demandé un remboursement, vous devrez bien réfléchir avant de perdre votre temps et vos efforts à le commercialiser.

2. Inscrivez-vous à la liste de diffusion pour chaque produit afin d'avoir une idée de ce à quoi ressemble l'entonnoir de vente. Vous voulez savoir quels matériaux vous obtiendrez en tant qu'affilié.

3. Recherchez les filiales qui vendent le produit en question. Vous devriez consulter les réclamations des affiliés, en particulier celles en relation avec le paiement. Vous pouvez également contacter les spécialistes du marketing de votre créneau pour connaître leur avis sur un produit en particulier. La connaissance est le pouvoir.

4. Une fois que vous avez réduit votre liste à trois ou quatre produits, je vous suggère fortement d'acheter au moins le produit de base pour voir à quoi il ressemble. Croyez-moi, vous ne voulez pas vendre un produit dont vous ne connaissez rien. Vous devez savoir ce qui est inclus dans l'achat du produit afin de comprendre ce que vous allez vendre. Faire un examen approfondi du produit peut vous aider à prendre votre décision finale et à voir ce qui vaut la peine d'être vendu et ce qui ne l'est pas. De nombreux produits ont une garantie de remboursement de 30 jours, vous pouvez donc toujours renvoyer un produit que

vous pensez ne pas être bon pour un remboursement.

Au moment où vous avez terminé vos recherches, vous devriez avoir un produit (ou peut-être plus) que vous estimez pouvoir faire un bon travail de promotion. Plus vous croyez fermement en un produit, plus il sera facile de le promouvoir. Si vous vendez un produit que vous n'avez pas vu et que vous ne comprenez pas, votre manque de connaissances va se révéler, surtout si vous en faites la promotion sur les réseaux sociaux et sur votre blog.

Certains des meilleurs produits à vendre incluent des produits numériques tels que des livres électroniques et des formations en ligne. Ils paient des commissions élevées — parfois jusqu'à 75 % — et se vendent assez facilement. Une autre option intéressante consiste à commercialiser des abonnements sur des forums en ligne et des sites d'adhésion, ce qui peut vous permettre de recevoir des commissions récurrentes si les internautes achètent des abonnements en cours. J'aime aussi rechercher un produit qui a un bon nombre de ventes incitatives. Par exemple, de nombreux plans de perte de poids de base ont des ventes supplémentaires qui incluent :

➢ Livres de cuisine
➢ Tasses à mesurer et accessoires
➢ Programmes de fitness
➢ DVD d'entraînement

Plus il y a de ventes incitatives et de produits connexes, plus votre potentiel de gain est élevé. Examinez l'intégralité de l'entonnoir des ventes d'un produit avant de le sélectionner afin de comprendre exactement le ou les produits que vous allez promouvoir.

Configurer une page web de destination avec WordPress

Une fois que vous avez choisi un produit à promouvoir, l'étape suivante consiste à configurer une page de destination à l'aide de WordPress. WordPress est un logiciel libre que vous pouvez utiliser pour concevoir un site web efficace, même si vous n'avez aucune expérience en matière de conception ou de programmation. Toute la programmation est réalisée à partir d'un tableau de bord convivial qui facilite la configuration d'une page de destination pour votre nouveau produit affilié.

Si vous avez déjà un blog, vous connaissez peut-être déjà WordPress, car c'est le logiciel le plus populaire à utiliser pour créer un blog. Si vous êtes nouveau dans WordPress, je tiens à préciser que je parle de WordPress.org, pas de WordPress.com. WordPress.com est un site de blogs gratuit, mais ce n'est pas la même chose que d'avoir votre propre site web. Pour commercialiser efficacement les produits affiliés, vous devez disposer de votre propre site. De nombreux programmes d'affiliation exigent que les affiliés possèdent leur propre nom de domaine.

Vous avez la possibilité d'héberger votre site directement via WordPress ou d'utiliser un autre hébergeur web. La plupart des hébergeurs autorisent l'utilisation de WordPress. Je vous mets en garde contre le choix d'un programme d'hébergement gratuit ou très bon marché.

Choisissez un nom de domaine qui se rapporte au produit que vous vendez. Idéalement, utiliser certains des mots clés les plus populaires que vous avez trouvés lors de vos recherches. Si un produit est vendu par plusieurs de vos concurrents, il peut s'avérer difficile de trouver un bon nom de domaine. Si un nom .com n'est pas disponible, envisagez plutôt d'utiliser l'une des autres extensions telles que .biz ou .fr.

Lorsque vous paramétrez votre site sur WordPress, vous pouvez choisir parmi des centaines de thèmes gratuits. Je suggère fortement que vous choisissiez un thème responsive adapté au mobile. En 2019, davantage de personnes effectuaient des recherches sur des appareils mobiles que sur des ordinateurs. Google pénalise les sites non compatibles avec les appareils mobiles. Il n'y a donc aucune raison de choisir autre chose qu'un thème adapté aux appareils mobiles pour votre nouveau site.

Tenez compte des autres éléments lors de la configuration de votre nouvelle page de destination :

- Rédigez un titre fort indiquant ce que les gens peuvent attendre de voir sur la page et suscitant un vif désir de lecture. Essayez d'utiliser votre mot clé principal dans le titre.

- Choisissez un thème qui attire le regard, mais qui n'est pas déplaisant à regarder. Des couleurs conflictuelles peuvent en réalité éloigner les internautes de votre site. Si votre site est trop criard, cela peut avoir l'effet inverse.

- Éloignez-vous des polices sophistiquées difficiles à lire. C'est bien d'utiliser une police spéciale ici et là pour l'accentuer, mais ne choisissez pas quelque chose qui est trop orné.

- Envisagez de créer une vidéo de vente pour votre page. Il est prouvé que les pages de renvoi contenant des vidéos ont tendance à générer plus de conversions que les pages sans vidéo. Vous pouvez fournir le contenu vidéo sous forme écrite à titre d'alternative aux personnes qui préfèrent ne pas regarder de vidéo.

- Si vous ne placer que du contenu écrit sur votre page web, assurez-vous qu'il est bien rédigé et irrésistible. Tout ce que vous écrivez (ou payez pour avoir écrit) doit être axé sur la résolution d'un problème particulier rencontré par la personne qui lit votre page et expliquer comment le produit que vous promouvez peut l'aider à le résoudre. Divisez le contenu avec des sous-titres et des puces pour faciliter la lecture.

- Votre contenu doit être pertinent et convaincant, et votre utilisation de mots clés doit être naturelle et non forcée.

- Choisissez un appel puissant à l'action qui se répète plusieurs fois sur la page. Les meilleurs mots sont ceux qui mettent l'accent sur les avantages de l'utilisation du produit que vous vendez. Par exemple :

  - ➢ Perdre du poids maintenant
  - ➢ Oui, je veux prendre ma retraite tôt
  - ➢ Aidez-moi à former mon chien

Optimiser de votre site

La configuration de votre site web de base est importante, mais vous devez également faire tout ce qui est en votre pouvoir pour optimiser votre site. Je pourrais écrire un livre entier sur le référencement, mais mon objectif ici est simplement de vous donner un aperçu afin que vous vous assuriez de toucher les points importants.

• Votre page de destination doit être optimisée pour un mot clé principal et plusieurs mots clés secondaires. Votre mot clé principal doit être un mot clé à longue traîne, à la fois très spécifique et adapté aux personnes prêtes à dépenser de l'argent pour résoudre le problème que votre produit offre.

• Ne vous inquiétez pas de la densité des mots clés. Comme mentionné précédemment, le plus important est la qualité de votre contenu. Utilisez vos mots clés dans votre titre, dans la première phrase de votre contenu et dans quelques autres emplacements bien en vue.

• Utilisez l'extension *Yoast SEO* spécifiquement pour WordPress et effectuez le référencement de votre site web de niche pour toutes les pages et tous les articles.

• Ne négligez pas vos balises et vos descriptions ; l'information qui apparaît sur votre page n'est que la moitié de la bataille en matière de référencement naturel. Vous devez également utiliser vos mots clés aux endroits suivants :

✓ Titre de votre page (le titre qui apparaît lorsque votre page apparaît en réponse à une recherche Google)

✓ Votre méta description (la description courte qui apparaît sous le titre de votre page sur Google)

✓ Vos tags H1 et H2, qui permettent à Google de savoir où sont vos titres et vos sous-titres.

✓ Vos « alt » ou les balises d'image, qui apparaissent lorsque l'une de vos images ne se télécharge pas correctement sur une page.

L'utilisation appropriée de ces balises peut grandement contribuer à stimuler votre référencement.

Tout ce qui se trouve sur votre page doit être informatif et pertinent pour les personnes qui recherchent les mots clés choisis. Bien que les mots clés et les balises soient importants, Google accorde la plus grande importance au contenu bien écrit et pertinent. Tant que votre page contient un contenu de haute qualité et utilise efficacement des mots clés, vous devriez avoir du succès sur Google.

Commercialisation sur les réseaux sociaux

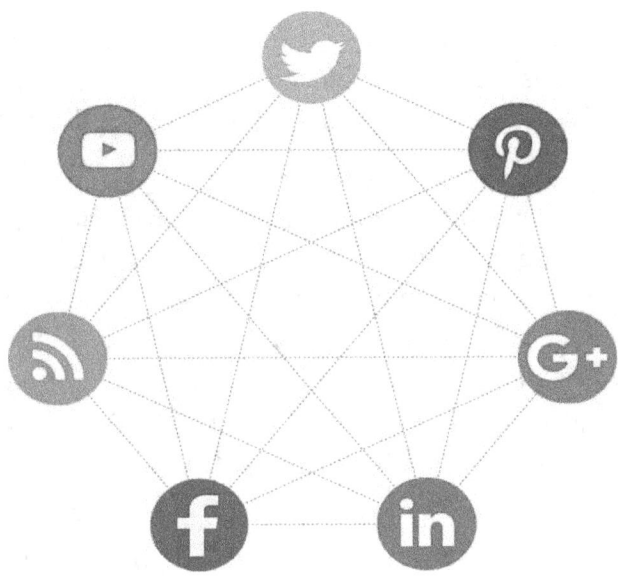

L'une des meilleures façons que je préfère pour commercialiser les produits affiliés consiste à utiliser les réseaux sociaux. Contrairement à la publicité avec Google ou Bing, la publicité sur les réseaux sociaux reste relativement peu coûteuse. Vous pouvez acheter une annonce sur Facebook pour seulement cinq euros par jour. Contrairement aux annonces publicitaires sur les moteurs de recherche, qui reposent sur l'utilisation de mots clés, les compagnes publicitaires sur les réseaux sociaux vous permettent de cibler des personnes en fonction de deux catégories d'informations :

➢ Données démographiques, y compris la tranche d'âge, le sexe, le niveau de revenu et la localisation géographique

➢ Psychographie, y compris les habitudes d'achat, les loisirs et les intérêts

Si vous configurez une page web professionnelle pour votre produit affilié, vous pouvez l'utiliser pour partager du contenu pertinent et placer des annonces publicitaires. La publicité sur Facebook est le plus bien établi de tous les sites de réseaux sociaux. Voici quelques autres avantages d'utiliser Facebook pour commercialiser vos produits d'affiliation :

✓ Facebook vous offre la possibilité de gérer un nombre illimité de pages à partir de votre compte principal. Si vous commercialisez plus d'un produit affilié, vous pouvez facilement configurer une page pour chacun.

✓ Vous pouvez suivre des publications et des pages pertinentes pour votre créneau et les utiliser pour rechercher et partager du contenu avec vos abonnés.

✓ Facebook dispose d'un outil de planification gratuit que vous pouvez utiliser pour configurer des publications à l'avance.

✓ Vous aurez accès à Facebook *Insights*, qui vous fournit des analyses permettant de déterminer les performances de votre page et les publications qui suscitent le plus d'engagements.

Lorsque vous passez une annonce sur Facebook, vous pouvez envoyer les personnes qui cliquent dessus directement sur votre nouvelle page de destination. Chaque semaine, Facebook vous enverra un email indiquant les performances de votre annonce. Vous pourrez ainsi la modifier et la revoir au besoin.

Bien entendu, Facebook n'est pas le seul site que vous pouvez utiliser pour promouvoir vos produits d'affiliation. Voici quelques autres à considérer :

- Twitter est toujours très populaire et sa limite de 140 caractères en fait un bon choix pour l'envoi de faits rapides et de promotions. Pour le moment, la seule façon de faire de la publicité sur Twitter est d'utiliser un Tweet sponsorisé. Le sponsoring augmente les chances que votre Tweet soit vu par tous vos followers.

- Pinterest est un outil extrêmement efficace pour la commercialisation de produits affiliés, en particulier si le produit que vous vendez est ambitieux ou plaît vivement aux femmes. Les utilisateurs de Pinterest ont tendance à être assez aisés et sont beaucoup plus susceptibles de faire des achats en fonction de ce qu'ils voient sur le site que de ceux d'autres réseaux sociaux. Pinterest a récemment ouvert ses options publicitaires à toutes les entreprises.

- Snapchat est très attrayant pour les jeunes. Si vous avez un suivi sur Snapchat, vous pouvez l'utiliser pour envoyer des annonces rapides et des choses de ce genre afin d'informer les gens sur votre produit ou de faire des compagnes publicitaires payantes.
- Instagram est très visuel et propose désormais des publicités payantes. Si le produit que vous vendez se prête à la photographie, il peut s'avérer très efficace pour faire connaître votre produit.

Si vous décidez d'utiliser les réseaux sociaux pour commercialiser votre produit, n'oubliez pas de vous conformer à la règle du 4 contre 1. Pour chaque élément de contenu que vous publiez et qui est directement lié au produit que vous commercialisez, vous devez en publier quatre qui sont liés à votre niche et apporter de la valeur à vos abonnés sans mentionner votre produit.

Créer des backlinks pour un meilleur référencement

Le dernier point que je veux préciser concerne le référencement. Lorsque nous avons évoqué le référencement au préalable, nous nous sommes concentrés sur le référencement sur site — ce que vous pouvez faire sur votre site web pour l'aider à atteindre un rang élevé sur Google lorsque les internautes effectuent une recherche par mot clé. Cependant, il y a un autre élément dans le référencement, qui consiste à faire en sorte que d'autres sites web renvoient vers votre site.

Les meilleurs backlinks à obtenir proviennent de sites d'autorité de haute qualité dans la niche choisie. Il est possible d'acheter des backlinks, mais cela est considéré comme une tactique de référencement « au chapeau noir » et je ne le recommande pas. Si vous vous faites prendre, Google peut vous pénaliser. Concentrez-vous plutôt sur les blogueurs et les publications de votre niche. Rédigez des articles invités, inscrivez votre site dans des annuaires et encouragez vos amis possédant un site web à créer un lien vers votre site web.

Il faut du temps pour accumuler des backlinks de qualité, mais cela en vaut la peine. Plus vous avez de liens, plus le volume de trafic généré par votre page de destination est élevé.

Une dernière note concernant le marketing par affiliation. Si vous commercialisez des produits d'affiliation sur votre blog, il ne faut pas que votre blog apparaisse trop encombré ou trop spammé, que ce soit à vos visiteurs ou à Google. Une façon de garder le contrôle sur vous-même consiste à faire du marketing d'affiliation par email. Si vous encouragez des personnes à s'inscrire sur votre liste d'email, vous pouvez leur vendre des produits via l'email marketing. Il en va de même pour les ebooks courts et gratuits.

L'avantage des deux méthodes est que vous offrez quelque chose de gratuit à vos abonnés et à vos visiteurs (un email ou un livre informatif), ce qui signifie qu'ils sont beaucoup plus susceptibles d'acheter ce que vous leur proposez que si vous leur présentiez simplement un argument de vente solide.

Chapitre 5 : Autres méthodes de revenu passif

Tandis que la rédaction de livres électroniques et la commercialisation de produits affiliés sont mes deux méthodes préférées pour générer un revenu passif minimum de 3000 euros/mois, ce ne sont certainement pas les seules méthodes à utiliser. Dans ce chapitre, je couvrirai plusieurs autres méthodes que vous pouvez examiner et vous donnez un aperçu de chacune d'elles. Je vous recommande de lire le chapitre et de voir quelles idées vous intéressent le plus, et ensuite aller de l'avant avec celles-ci et travailler à les mettre en place de manière à générer un revenu passif considérable.

A – Créer et commercialiser une application mobile

Création d'un concept d'application

Si vous avez déjà une bonne idée pour une application et que vous avez les moyens de la créer, je vous encourage à le faire. Ce sera toujours une affaire, mais si vous prenez le temps de le commercialiser sur votre blog ou sur les réseaux sociaux, vous pourrez peut-être vendre suffisamment de copies pour gagner un revenu régulier.

Que pouvez-vous faire si vous n'avez pas d'idée pour une application ? Une méthode que je suggère est d'examiner les applications populaires dans une niche et de trouver un moyen de perfectionner une, en lui donnant une nouvelle allure et en ajoutant des fonctionnalités supplémentaires. Avec cette technique, vous générerez un revenu passif, qui dépasse les 1000 euros/mois, en commercialisant votre propre application mobile.

Création de votre application

L'étape suivante consiste à créer votre application. Si vous avez une vaste expérience en programmation, vous pouvez certainement créer et programmer l'application vous-même. Cependant, en règle générale, je ne recommande pas d'essayer de créer l'application vous-même. Vous pouvez engager un professionnel sur bon nombre des sites que j'ai déjà mentionnés, notamment Freelancer et Upwork. Bien sûr, vous devrez débourser de l'argent à l'avance, mais vous pourrez ensuite confier le travail à un programmeur. Vous devrez expliquer exactement ce que vous voulez que l'application fasse. Je vous recommande de faire une liste complète de toutes les fonctionnalités que vous souhaitez inclure. Déterminez si vous souhaitez autoriser les achats intégrés et des choses de ce genre. Un bon programmeur devrait avoir une liste de questions qui vous aideront à préciser ce que vous voulez.

Vous avez également la possibilité d'utiliser des ressources en ligne pour créer l'application vous-même si tel est votre préférence. Voici un que j'aime bien Appypie — un site web qui fournit les outils pour vous aider à créer votre propre application mobile.

Marketing de votre application

Une fois que votre application est terminée et testée, vous pouvez la vendre sur les plateformes telles qu'Apple Store, Google Store et Amazon App Store, etc. Cependant, vous devriez aussi faire votre propre marketing. Il est conseillé de créer une page web pour commercialiser votre application.

Vous devriez également envisager de configurer des sites de réseaux sociaux pour commercialiser votre application. Vous pouvez inclure des captures d'écran qui montrent aux utilisateurs ce que l'application peut faire. Lorsque vous collectez des commentaires positifs, ajoutez-les sur votre page web.

Créer une application mobile n'est pas pour tout le monde, mais si vous avez une bonne idée et la volonté de payer quelqu'un pour la programmer pour vous, cela peut être un bon moyen de créer un flux de revenus passif.

B – Créer et monétiser une chaîne YouTube

Parfois, les nouveaux spécialistes du marketing ont peur de faire des vidéos. Je sais que filmer vos propres vidéos peut paraître intimidant, et vous pourriez imaginer que cela coûterait également très cher. Cependant, le contraire est réellement vrai. Vous n'avez besoin que de très peu d'expertise technique pour filmer une vidéo, et si vous êtes à l'aise à parler à l'abri, vous n'avez même pas besoin d'écrire un scénario officiel.

Dans cet esprit, expliquons comment la création de vidéos et leur publication sur votre propre chaîne YouTube peuvent vous aider à gagner de l'argent. Les vidéos sont l'une des formes les plus populaires de contenu en ligne. En fait, la plupart des gens préfèrent regarder une courte vidéo que de lire quelques articles de blog, même si le temps investi était à peu près le même.

Les vidéos ont tendance à être partagées sur les réseaux sociaux beaucoup plus fréquemment que les autres formes de contenu — en fait, elles sont plus populaires que le contenu écrit et les photographies combinées. Cela signifie qu'une fois que vous créez une vidéo, celle-ci peut être diffusée avec très peu d'effort requis de votre part.

Comment créer une chaîne YouTube

Créer une chaîne YouTube est très facile. Si vous avez un compte Gmail, vous pouvez utiliser votre identifiant pour vous connecter à YouTube. Une fois que vous êtes connecté, vous pouvez simplement cliquer sur la photo de votre profil dans le coin supérieur droit de l'écran et choisir l'option « Créer une chaîne » pour créer votre chaîne.

Lorsque vous créez votre chaîne, vous devez vous assurer de faire tout ce qui suit :

✓ Créez un nom de chaîne qui reflète votre niche et le type de contenu que vous allez publier.
✓ Choisissez une image de profil ou un logo unique et mémorable. Si vous utilisez votre nom, c'est une bonne idée d'utiliser la même photo que vous utilisez sur vos comptes de réseaux sociaux pour donner une certaine continuité à votre présence en ligne.
✓ Rédigez une description riche en mots clés de votre chaîne, incluant un lien vers votre site web et donnant aux internautes une idée précise de ce qu'ils peuvent s'attendre à trouver sur votre chaîne.

YouTube étant la propriété de Google, l'utilisation de YouTube présente de grands avantages en termes de référencement.

Conseils pour créer des vidéos mémorables

Comme je l'ai déjà mentionné, vous n'avez pas besoin d'une tonne d'expertise technique pour créer du contenu vidéo. Votre objectif devrait être de créer des vidéos offrant à la fois du divertissement et de la valeur à votre public cible. Voici quelques idées potentielles pour les vidéos marketings :

➢ Racontez une nouvelle qui met en lumière un sujet clé de votre niche ou explique un produit que vous commercialisez.

➢ Créez un tableau blanc ou une vidéo animée permettant d'expliquer un concept complexe intéressant votre niche.

➢ Réalisez une démonstration de produit divertissante ou une vidéo de produit mettant en valeur un ou plusieurs de vos produits affiliés.

➢ Organisez une session de questions/réponses avec vos téléspectateurs ou dans la section commentaires de vos vidéos YouTube.

Tout comme vous l'avez fait avec votre livre électronique, vous pouvez engager un rédacteur professionnel pour élaborer un script vidéo si vous n'êtes pas à l'aise pour parler de façon spontanée.

Façons de monétiser vos vidéos

Parlons maintenant de la manière dont vos vidéos gagnent de l'argent sur YouTube. La manière la plus simple de le faire est de choisir l'option AdSense (publicité Google). AdSense exécute des annonces avant votre vidéo, ce qui permet aux utilisateurs de cliquer pour acheter un produit. L'avantage d'utiliser AdSense ici est que, si vous faites une vidéo sur un sujet technique particulier, l'annonce qui apparaît sera probablement quelque chose de pertinent pour votre niche. Les internautes sont très susceptibles de cliquer sur les annonces pertinentes s'ils estiment que votre vidéo a été utile et vous gagnerez une commission à chaque fois.

L'utilisation de YouTube peut être un très bon moyen de créer un nouveau flux de revenus passifs sans avoir à dépenser beaucoup d'argent ou de temps.

Une autre option consiste à créer une série de vidéos et à obliger les utilisateurs à payer pour la regarder. Comme la plupart des vidéos sur YouTube sont gratuites, vous devrez être assez confiant pour que les internautes soient disposés à payer pour votre contenu.

Comment promouvoir vos vidéos

Il est important de garder à l'esprit que YouTube est l'un des sites web les plus visités au monde. En fait, c'est aussi le deuxième moteur de recherche du monde après Google. Il est beaucoup plus facile de classer une vidéo YouTube pour rechercher un mot clé particulier que de classer votre blog ou votre site web. Google semble favoriser les vidéos YouTube dans les résultats de recherche, probablement parce que les utilisateurs les préfèrent également. Vous pouvez attirer plus d'attention avec la vidéo qu'avec d'autres contenus. Lorsque vous nommez votre vidéo et écrivez une description de celle-ci, veillez à utiliser les mots clés choisis et à tirer pleinement parti des balises. Cela garantira que votre vidéo occupe une place de choix sur Google.

Je vous recommande également d'intégrer vos vidéos sur votre site web et de les partager avec vos contacts sur les réseaux sociaux. La vidéo est hautement partageable et très populaire, donc la partager sur les réseaux sociaux est très sensé. Par exemple, si vous avez une page Facebook pour vos produits d'affiliation et que votre vidéo est pertinente pour cette niche, vous pouvez la partager ici et encourager vos abonnés à la partager. Vous pouvez également améliorer la publication, garantissant ainsi que votre vidéo sera diffusée devant un tout nouveau groupe de fans.

C – Créer une formation en ligne

Y a-t-il un sujet que vous connaissez profondément ? Si vous avez passé des années à travailler dans un secteur particulier ou à étudier un sujet particulier, il serait peut-être intéressant de consacrer votre temps et votre énergie à mettre en place une formation en ligne.

Je veux être honnête à ce sujet : mettre en place une formation en ligne est une tonne de travail. Vous devrez écrire du contenu, créer du matériel de formation et éventuellement filmer des vidéos. Si vous le faites correctement, le temps nécessaire à la création d'un livre peut facilement être cinq fois plus long. C'est un investissement considérable, cela ne fait aucun doute.

La raison pour laquelle je pense que cela vaut la peine, c'est que vous pouvez récupérer tout ce temps en retour. La mise en place d'une formation en ligne en tant que livre électronique peut prendre cinq fois plus de temps, mais vous pouvez également facturer dix à vingt fois plus. Si vous facturez 9,99 euros pour votre livre, vous pourrez vendre une formation pour un montant pouvant atteindre 199 euros — une énorme marge bénéficiaire qui vous permettra de gagner des revenus élevés à perpétuité.

Conseils pour créer une formation

Pour offrir une formation en ligne, il est essentiel de choisir une niche dans laquelle vous êtes à l'aise, qui a suffisamment de trafic pour justifier le temps et les efforts que vous allez consacrer à la création de la formation. Une bonne façon de la faire est de rechercher des mots clés à l'aide de Google AdWords ou SemRush afin d'identifier les mots clés à longue trame avec un volume de recherche suffisant pour rendre la création d'une formation rentable.

N'oubliez pas que vous avez également la possibilité d'externaliser certains éléments de la création de votre formation. Vous pouvez engager un rédacteur pour rédiger des scripts vidéo, rédiger ou modifier du matériel de formation. Si vous envisagez d'utiliser la vidéo, il peut être intéressant de faire appel à un vidéaste professionnel pour vous assurer que vos vidéos ont une apparence soignée.

Conseils pour la commercialisation de votre formation en ligne

La première chose à considérer est l'endroit où vous rendrez votre formation disponible. Des sites comme Udemy et Teachable sont de bonnes options, car elles constituent des sources bien connues de formation en ligne. Vous devrez payer un petit pourcentage de votre prix de vente en échange de l'inscription de votre formation à cet endroit. Je pense que cela vaut la dépense. Les internautes sont beaucoup plus susceptibles de rechercher une formation en ligne sur ces sites que de se diriger vers Google.

Vous pouvez également envisager les méthodes suivantes pour publier votre formation :

- Mise en place d'un site web et d'un entonnoir de vente pour diriger les gens vers votre formation.
- Création d'annonces sur les réseaux sociaux pour envoyer des internautes sur vos pages Udemy ou sur votre site.
- Créer une page Facebook pour promouvoir votre formation — vous pouvez partager des informations de la formation et même poster des extraits de certaines vidéos de votre formation si vous le souhaitez.
- Envoyez des aperçus de votre formation aux principaux influenceurs de votre niche et

demandez-leur de réviser ou de recommander la formation à leurs fans.

Une autre chose à considérer lors de la mise en place d'une formation en ligne est de savoir si vous pouvez en tirer parti pour en faire une source de revenus récurrents. Une façon de le faire est de créer un site web avec un forum de discussion privé. Une fois que les participants ont suivi la formation, vous pouvez leur proposer un plan d'affiliation en leur promettant de leur fournir des éléments tels que :

✓ Mises à jour du matériel de formation
✓ Nouvelles ressources liées à votre niche
✓ Accès à des forums réservés aux membres et à des informations exclusives
✓ Mentor avec vous
✓ Séances de questions-réponses exclusives avec vous et d'autres experts

L'avantage de transformer votre formation en site d'adhésion est que si vous gardez vos membres heureux, vous pouvez en tirer un revenu récurrent pendant des mois, voire des années. Comme pour tous les sites d'adhésion, vous allez subir une certaine attrition, mais les avantages sont bien supérieurs aux risques.

D – Créer un site de révision ou de comparaison

La grande majorité des acheteurs de produits en ligne lisent des critiques et des comparaisons de produits avant de procéder à un achat. En fait, les recherches montrent que 80 % des consommateurs ne feront pas d'achat sans lire les avis et qu'ils accordent autant de crédit aux avis d'étrangers qu'aux personnes qu'ils connaissent personnellement.

Cette statistique indique la voie à une forte opportunité de gagner de l'argent qui peut fournir un service légitime aux gens en leur donnant des critiques honnêtes des produits dans une niche particulière. Voici comment vous le faites :

1. Configurez un site web pour une niche spécifique et prenez le temps de créer du contenu utile, notamment des articles de blog, des vidéos de démonstration, des didacticiels, etc.
2. Recherchez certains des différents produits de la niche et inscrivez-vous au programme d'affiliation Amazon.
3. Créez une page web offrant des comparaisons côte à côte des produits ou des critiques de produits. Vous pouvez configurer diverses options. Par exemple, un site web spécialisé dans les ordinateurs portables peut analyser les cinq ordinateurs portables les plus performants dans différentes catégories, notamment les options professionnelles, les ordinateurs de jeu et les ordinateurs 2 en 1 (ordinateurs portables convertis en tablettes), vous incluriez un bouton « Acheter » qui mènerait à votre lien d'affiliation sur Amazon.

L'avantage d'un site comme celui-ci est qu'il offre aux utilisateurs un moyen simple d'effectuer des comparaisons côte à côte — chose difficile à faire sur Amazon, car les utilisateurs devraient basculer d'une page à l'autre pour essayer de se faire une idée des différences et des similitudes entre les produits. Si vous prenez le temps de répertorier les fonctionnalités et de donner des commentaires honnêtes sur les avantages et les inconvénients de chaque produit, et que vous associez ce dernier à un appel à l'action à la fin, encourageant les gens à faire un choix et à cliquer pour acheter, vous pouvez gagner un revenu intéressant.

La clé pour configurer une page de comparaison ou de révision est que les critiques que vous avez répertoriées doivent être réelles. Il ne suffira pas de simplement réitérer les fonctionnalités du produit telles qu'elles sont répertoriées sur Amazon. Vous devez donner à vos clients un aperçu réel du fonctionnement du produit.

Si vous ne pouvez pas essayer les produits vous-même, vous devez les rechercher de manière approfondie et essayer d'inclure autant d'informations que possible sur l'utilisation du produit en question. La lecture de rapports de consommateurs et de critiques Amazon, ainsi que de critiques dans des publications spécialisées, est un bon début.

Je vous recommande d'utiliser les informations des chapitres précédents pour configurer un site WordPress pour votre page de comparaison, optimiser le site à l'aide des mots clés de votre choix et promouvoir votre page sur les réseaux sociaux et les sites spécialisés de votre niche. Étant donné que votre objectif est de faire effectuer un achat à partir de votre page, je vous recommande d'utiliser des mots clés à longue traîne, tels que :

✓ Comparer
✓ Comparaison
✓ Révision
✓ Achat
✓ Meilleur
✓ Haut

Ces mots vous aideront à attirer un trafic hautement qualifié — des personnes très proches du point où elles sont prêtes à effectuer un achat. Ce que vous leur fournissez est un moyen facile de comparer des produits sans avoir à basculer entre différents sites ou pages. La commodité est importante et votre site peut être la solution au problème des achats comparatifs.

L'inconvénient, c'est bien sûr le temps qu'il faut pour installer le site et le faire fonctionner. Une fois que vous avez franchi cet obstacle, le site ne devrait nécessiter qu'un entretien périodique. Vous devez continuer à publier sur votre blog et à partager d'autres informations. Vous devrez également mettre à jour vos avis régulièrement.

E – Créer votre propre produit

Nous avons déjà parlé de la vente de produits d'affiliation, mais cette idée porte ce concept à un niveau supérieur. Une lecture rapide de ClickBank ou 1TPE révèle qu'il existe des milliers de produits numériques et physiques que vous pouvez commercialiser en tant qu'affilié. La chose à retenir à propos de ces produits est que chacun d'entre eux a un créateur de produit à l'autre extrémité, quelqu'un qui gagne un revenu de chaque produit vendu par chaque affilié. Il va de soi que si les affiliés gagnent un bon revenu en vendant ces produits, le créateur du produit en gagne encore plus.

Imaginez que vous créez un produit — disons qu'il s'agit d'une combinaison d'un livre avec certaines vidéos, ainsi que d'un produit physique comme un équipement de perte de poids ou autre. Vous fixez le prix de votre produit à 99 euros. Pour commencer, vous vendez le produit vous-même en utilisant votre propre site web. Au moment où il décolle, vous prenez la décision de mettre en place un programme d'affiliation offrant une commission de 50 % pour chaque produit vendu.

L'avantage de faire cela est que vous avez le potentiel de vendre beaucoup plus de produits que vous avez vendus vous-même. Tout ce que vous avez à faire est de fournir à vos affiliés du matériel de marketing. Par exemple, vous pouvez leur donner :

➢ Un modèle de page de destination
➢ Copie de publicité et images à utiliser
➢ Copier à utiliser dans leurs campagnes par email

Vos affiliés doivent consacrer leur temps et leur argent à la commercialisation de vos produits. Oui, vous devez diviser le prix d'achat avec 50/50. Cependant, vous faites maintenant très peu de marketing. Si vous choisissez 10 sociétés affiliées, vous pourriez vendre dix fois plus de produits qu'auparavant. Vos frais généraux sont inférieurs, car vous ne payez pas pour la publicité. Le montant réduit que vous gagnez pour chaque produit que vous vendez est plus que compenser par l'augmentation du volume des ventes.

Conseils pour créer un produit

La première étape consiste à conceptualiser votre produit. Nous avons déjà expliqué comment trouver une niche. Si vous envisagez de créer un produit, il est important de le faire dans une niche où vous avez déjà des connaissances et une autorité — c'est ce qui incitera les gens à acheter chez vous.

Une méthode que je recommande consiste à examiner les meilleurs produits sur ClickBank ou 1TPE et à rechercher des lacunes. Quels éléments ne sont pas couverts par les produits disponibles ? Y a-t-il des critiques des produits les plus importants qui indiquent une faiblesse ? Votre travail consiste à trouver une ouverture qui permettra à votre produit de se démarquer de la foule.

Une fois que vous avez conceptualisé votre produit, vous devez le créer. Comme ce fut le cas lors de la création d'une formation en ligne, le travail nécessaire à la création et à la fabrication d'un produit peut être considérable. Si une partie de votre produit est un livre numérique, vous avez la possibilité de l'externaliser à un rédacteur Freelancer si vous préférez. Si vous incluez à la fois un produit numérique et un produit physique, vous devrez trouver quelqu'un pour fabriquer le produit pour vous ou de l'acheter directement au grossiste Alibaba.

Conseils pour commercialiser votre produit

Commercialiser votre produit vous-même, en créant une page web, en faire la promotion sur votre blog et envoyer des échantillons gratuits à des influenceurs pour qu'ils examinent le produit, etc. Vous devez également réfléchir à la distribution. Un produit purement numérique peut simplement être téléchargé à partir de votre page. Toutefois, un produit physique devra probablement être livré directement par le fabricant ou par une entreprise de livraison directe.

Si votre produit se décolle bien, vous devrez peut-être le perfectionner encore et, finalement, envisager de créer votre propre programme d'affiliation. Vous offrez une commission convenable aux affiliés pour vendre votre produit, mais l'avantage de le faire est qu'ils peuvent faire le marketing et d'autres démarches à votre place pendant que vous vous détendez et collectez vos revenus.

J'espère que vous pourrez voir les avantages de prendre le temps de créer des flux de revenus passifs. Les efforts que vous déployez pour les mettre en place sont relativement mineurs comparés au potentiel de revenus à long terme. Même les options les plus fastidieuses, telles que la création d'un produit ou d'une formation en ligne, peuvent vous rembourser plusieurs fois si vous faites du bon travail.

Gardez à l'esprit qu'il est toujours préférable d'avoir votre revenu provenant de plus d'un endroit. Si vous créez un produit et que le marché disparaît, vous ne pourrez plus remplacer cette niche. Si vous disposez de plusieurs flux de revenus, vous pouvez vous essuyer et tout ira bien. Cela signifie que vous disposerez du meilleur scénario possible pour une liberté financière prolongée, car vous ne craindrez plus de perdre votre revenu comme vous le feriez si vous occupiez un emploi de huit à dix-sept.

Conclusion

J'espère qu'après avoir lu ce livre, vous vous sentez enthousiasmé et énergique par les possibilités que peut vous procurer un revenu passif.

Lorsque vous commencez à configurer vos premiers flux de revenus passifs, je souhaite faire quelques recommandations pour vous aider à faire rapidement circuler l'argent :

1. Commencez par choisir une niche dans laquelle vous possédez une expertise et créez un blog. Ajoutez d'abord un peu de contenu, puis configurez une page Facebook et un fil Twitter pour publier votre blog.

2. Recherchez des produits affiliés et ajoutez-les à votre blog. Je vous recommande de commencer par un blog et des produits d'affiliation, car c'est l'un des moyens les plus rapides d'obtenir de l'argent. Cela peut commencer lentement, mais tout départ est bon. Vous devez prendre cette mesure avant de quitter votre emploi.

3. Regardez ce que vous voulez faire ensuite pour développer votre blog. Si vous aimez écrire et avez l'idée d'un livre court, envisagez de faire de

cela votre prochaine étape. Vous pouvez publier le livre gratuitement en utilisant la plateforme de publication Kindle d'Amazon, et également vous pouvez le vendre sur votre propre site web.

4. À partir de là, développez-le en créant une chaîne YouTube, en ajoutant une page de révision et de comparaison à votre site web, en créant une formation en ligne ou même en créant votre propre produit. C'est une bonne idée de commencer par quelques-unes des méthodes de revenu passif les moins intensives en main-d'œuvre afin d'obtenir une base de revenu, puis de passer à certaines des options les plus chronophages que je vous ai décrits.

5. Enfin, faites ce que vous pouvez pour configurer des flux de revenus récurrents en offrant un site d'adhésion ou un autre produit récurrent. Lorsque vous atteignez ce niveau, vous pouvez commencer à gagner beaucoup d'argent sans avoir à faire beaucoup de travail.

Dans toute entreprise, il faut que quelqu'un travaille pour que cela fonctionne et soit rentable, mais ici, il s'agit de faire de la technologie ce « quelqu'un ». Il s'agit d'exploiter le potentiel illimité d'Internet, ce que nous tenons pour acquis de nos jours. Et rassurez-vous, Internet est là pour rester et y rester plus longtemps. Cette machine, tout cet écosystème, continuera à se développer, à s'améliorer et à devenir de plus en plus accessible dans le monde entier. La seule façon de s'en aller, c'est dans le cas d'un Armageddon nucléaire ou d'une collision d'astéroïdes. Bien sûr, dans ce cas, nous serons tous morts, alors ce n'est vraiment rien d'inquiétant en ce qui concerne l'activité de revenu passif.

Rétrospectivement, la lutte pour devenir son propre patron et travailler le moins possible pour obtenir un revenu décent est présente depuis la nuit des temps. En fait, notre nature primordiale est de chercher à obtenir des résultats avec le moins d'effort possible. Si je devenais vraiment fou, je dirais que cet instinct est précisément la raison pour laquelle nous avons inventé des outils, découvert le feu et même commencé à boire du café. Tout est question d'efficacité et de confort.

En regardant le début de ce livre, je suis sûr qu'après avoir lu tout cela, vous voyez clairement ce que je voulais dire par réprimander ceux d'entre nous qui craignent et qui évitent la technologie. C'est un péché contre nous-mêmes, contre notre potentiel, de mettre de côté l'avancée technologique comme une atteinte à nos moyens de subsistance, une initiative à notre portée.

Les personnes qui émettent de telles prétentions et platitudes ont soit trop peur pour faire ces premiers pas, soit sont odieuses et ne désirent pas que vous réussissiez. Permettez-moi de vous dire que la seule chose qui menace réellement la technologie, ce sont nos chaînes et la capacité des autres de contrôler notre destin. Ne faites pas attention aux non déclarants, prenez des conseils là où ils sont disponibles et apprenez, apprenez, apprenez, mais ne vous laissez pas décourager par ceux qui veulent seulement entraver les progrès à cause de leurs propres insécurités. Heureusement, ceux-ci ne sont pas difficiles à identifier ! Vous pouvez facilement identifier un cynique sans cause en regardant où il se situe ou, plus précisément, en stagnant. Le revenu passif en ligne est réel, bien qu'il existe depuis longtemps, mais il est plus concret que jamais.

En fin de compte, gagner un revenu passif peut ouvrir la voie à la liberté financière si vous prenez le temps de bien faire les choses. Vous devrez être prêt à faire pas mal de travail à l'avance pour mettre les choses en place, et il est important d'être clairvoyant à ce sujet. Pourtant, une fois que vous aurez débuté, je suis sûre que vous serez étonné du montant que vous pouvez générer avec les méthodes décrites dans ce livre, un montant qui peut facilement dépasser les 5000 euros/mois.

Alors, passez à l'étape suivante pour gagner un revenu passif !

Rappelez-vous que la fortune favorise les courageux !